すごい需要予測

不確実な時代にモノを売り切る13の手法

Yudai Yamaguchi
山口　雄大

PHP
Business Shinsho

PHPビジネス新書

はじめに

需要予測が未来を創る——すべてのビジネスにおいて将来を左右するスキル

鉄道のダイヤ組みになぜ需要予測が使われるのか

みなさんは「**需要予測**」という言葉を耳にしたことがありますか？

文字から連想しやすい意味の通り、「需要を予測すること」です。

では、「**需要**（**Demand**）」とは何でしょうか？

必要とされることです。これは物だけでなく、サービスにも当てはまる概念ですし、人に対しても使われることがあります。

日本では海外と比べて食におけるお米の需要が多い、などと言いますし、TOEIC®は就活生の需要が高い、などとも言えます。製造業ではAIに詳しいマーケターの需要が増加している、といった具合に、人に対して使うこともできます。意外なところでは、鉄道会社が電車のダイヤを組む際[1]や、政府の予算編成[2]にも需要予測が必要になります。

そのため、より正確には、**需要とは必要とされる程度感や規模感**といったイメージでとらえると良いでしょう。

こうした「需要」を予測できると、どんなメリットがあるのでしょうか。

実はみなさんも毎日の生活の中で、ほとんど意識せずに需要を予測しています。トイレットペーパーや水、お酒（?）といった生活必需品的な物は、今すぐ必要な量以上に、ご自宅にストックされていると思います。「いずれ使うから」と想定して購入しているはずです（**図0－1**）。この「いずれ」は、10年や20年ではないでしょう。

つまり、物が腐ったり、長い間スペースを占拠し続けたりしないように考えながら、必要な量を想定して、買い物をしているのです。これはまさに需要予測です。

この身近な例からも想像できるように、需要予測によって、生活の快適さを向上させることができます。水を飲みたいと思う度に外へ買いに行くのはめんどうですよね。急に必要になっても、ストックがあればすぐに飲んだり使ったりすることができます。

お金やスペース、消費期限といった様々な制約を考えると、ちょうど良い量を用意しておく、というのが重要になることも想像しやすいと思います。これを可能にするのが需要予測なのです。

図0-1 日常生活の中の需要予測

子どもが
好きな飲み物は
どれくらい
ストックしておく？
トイレットペーパーは
災害にも備えて
用意しておこう
冬用の靴下は
何足あれば
良いだろう？

私たちは常に、物を置く場所やお金、
消費期限などを踏まえつつ必要な量を予測している

とはいえ、生活の中で需要予測について意識することはほとんどないと思います。

ビジネスでも同様で、物をつくるメーカーや資格試験、エステなどのサービスを提供する団体、店舗でもこれまではあまり意識されてきませんでした。メーカーでは商品の需要を予測し、生産しておくことは極めて重要ですし、サービスを提供する企業でも、需要予測を基に必要な設備を確保しておくことは同様に重要です。

しかし、マーケターや営業担当、販売員といった従業員にとって、商品や設備はあって当たり前であり、それを前提に仕事をしているため、平時には需要予測の価値を感じにくいと言えます。

データ分析だけでは消費が予測できない時代に

成熟した日本市場のように変化が比較的緩やかな環境では、需要が大きくは変化しない物、サービスが多くなります。

もちろん、一部の目新しい商品や流行の影響を受けやすいサービスなどの需要予測は簡単ではありません。それでもテレビＣＭを大々的に放映し、小売店でのキャンペーンを展開すれば、多くの消費者が欲しいと思う時代がありました。こうした環境下では、過去のデータさえあれば、ある程度の精度で需要を予測することはむずかしくありません。

しかし、２０１５年以降を思い出してみてください。政府が訪日プロモーション[3]を積極的に行い、訪日外国人の急増によって、日本市場における顧客は急速にグローバル化が進みました。１９９７年、２０１４年、２０１９年と3度の消費増税もあり、多くのカテゴリーにおいて駆け込み需要やその反動による需要の減少がみられました。さらに２０２０年からは新型コロナウイルスの感染が拡大し、未曾有の市場変化もありました。

こうした市場の動きを鑑《かんが》みると、成熟した日本市場ももはや変化が緩やかとはとうてい言えない状況です。この**ＶＵＣＡ（Volatility, Uncertainty, Complexity, Ambiguity：変動**

可能性・不確実性・複雑性・曖昧さ）と言われる環境の中で、需要予測はどんどんむずかしくなっているのです。

突然ですが、ここで一つクイズ（ケース）を出題します。頭の体操のつもりで、少し考えてみてください。

ケース0
「リンゴ味のアイスが大ヒットしたお菓子メーカーが、翌年、みかん味のアイスを発売したら売れなかったのはなぜか？」

キーワード ▶ 需要の背景

このケースで、お菓子メーカーは需要予測をしています。りんごもみかんも定番の果物なので、りんごアイス同様にみかんアイスも売れると予測したわけです。

しかし同様に売れない理由は、色々考えることができます。りんごアイスを発売した時、たまたまりんごに含まれるある成分が新たに流行した病気を防ぐことがわかり、りん

図0-2 みかんアイスも売れるのか？

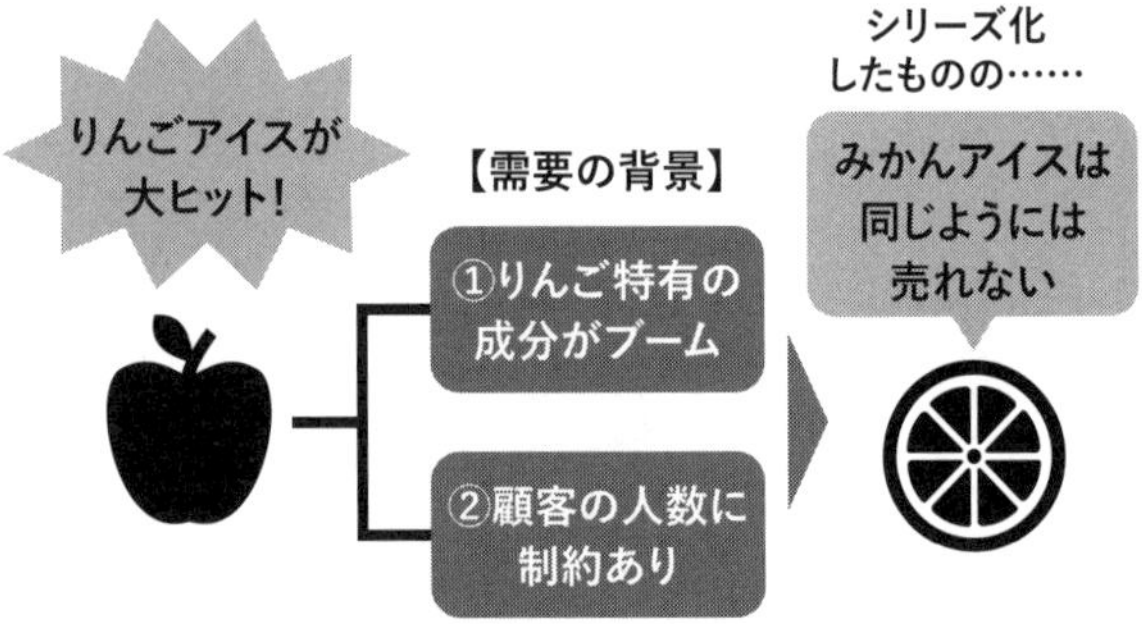
りんごアイスが
大ヒット!
【需要の背景】
①りんご特有の
成分がブーム
②顧客の人数に
制約あり
シリーズ化
したものの……
みかんアイスは
同じようには
売れない

ごブームが来ていたのかもしれません。みかんにも同じ成分が入っていなければ、りんごのようには売れないですよね。

また、このりんごアイスが子どもにヒットしたとします。みかんアイスも注目されたのですが、2倍の量を食べるとおなかをこわす可能性があるため、親はどちらかしか買い与えないかもしれません。つまり、「**需要が分散した**」のです（これをカニバリゼーションと言います）。

ここからわかるのが、需要予測は単に過去データを分析してもできるわけではないということです。

高度な数学や統計学を駆使しても同じです。それよりも、需要の背景にある消費者の心理、行動を想像して、それが未来ではどうなるかを考えることが重要になります。市場がVUCAになると、この想像がよりむずかしくなるということです。

需要予測の精度が低下していくと、必要な物は用意できないし、逆に不要な物が大量に余るという事態が発生します。ビジネスではこれは売上機会の損失や不要なコストの増加につながり、経営を危うくしてしまいます。

コストをかけ、時間をかけて育ててきたブランドも、品切れが続けば顧客を失いますし、管理コストが増加すれば成長のための投資にお金を使えなくなります。この意味では、**需要予測がブランドの成長を支えている**と言っても過言ではないでしょう。

さらに近年では、消費者の環境に対する意識が高まっています。これを受け、企業活動には環境負荷の低減が求められるようになり[4]、これが企業価値に影響する時代になってきています。ムダな物をつくり、水を浪費して二酸化炭素を排出する企業は競争力を失っているのです。

マーケティングや営業、経営管理にも不可欠なスキル

こうした厳しいビジネス環境変化の中で、明るい兆《きざ》しもあります。

それは技術の進歩です。単なる購買情報だけでなく、消費者の属性、生体情報、その時の気分など、様々なデータがリアルタイムに近く（ニアタイム）とれるようになってきています。この大量のデータを蓄積できるインフラも整ってきていますし、それを解析して

人の意思決定を支援できるＡＩ（人工知能）といったツールも登場しました。

需要予測はルールに捉われないマーケティングや顧客心理と密接に関連するため、単にＡＩを導入してもその精度が上がるわけではありません。しかし、**市場や顧客に精通したプロフェッショナルであれば、ＡＩをうまくビジネスに導入し、ＶＵＣＡな環境でも新たな価値を創出できる**[5]のです。実際、２０１７年に実施された海外の調査[6]でも、２０２５年の需要予測に向けて重要になる技術の１位がＡＩ[7]でした。

ビジネスにおける需要予測はこれまで、商品の製造やその原料、材料の手配（調達）、それを小売店や消費者へ運ぶ物流（ロジスティクス）といった企業のサプライチェーン（供給連鎖）のトリガーとして認識されてきました。需要予測を基に、工場の人員や物流センターでのトラックの手配も行われるからです。

これに加えて消費者の声やマーケティングの効果、競合企業の情報なども入手し、その複雑な関係性をＡＩなどによって解析できるようになると、需要予測は新たな側面から企業経営を支えられる可能性があるのです。

需要予測は一つひとつの商品ごとに行われます。つまり、市場の変化をアジャイルに（迅速に）反映することができれば、どんなカテゴリーで市場が動いているかを把握することができます。しかも、数字でその程度感を測ることができるのです。

例えばパンデミックによってマスクの使用が日常化し、口紅の市場規模が縮小しましたが、マスクにつきにくいマットなタイプのものや、薄く色がつく保湿メインのリップバームの需要はそんなに落ちていないといったことは、商品別の需要予測だからわかります。

さらにエリアやブランド、カテゴリーといった単位で売上や利益率の見通しも得ることができます。これが企業の描く戦略、目標とする売上計画と乖離《かいり》しているのであれば、四半期などの実績が出る前になんらかの軌道修正アクションを検討することさえ可能になります。同時に、経営管理の視点ではコストの再配分を検討することもでき、目指す利益を実現しやすくなると考えられます。

つまり、**これまで認識されてきた商品供給や「サプライチェーンマネジメント（SCM）」のためだけでなく、より市場に近いマーケティングや営業、さらに経営管理やファイナンスといったビジネスのコアとなる領域の意思決定のためにも、需要予測は使えるのです。**

ただしこれには一定以上の予測精度が必要になりますし、一つの数字だけを提示するのではなく、複数のシナリオを描いてその中でビジネスのリスクをヘッジしていくという新しい考え方が必要になります。

需要予測には従来、統計学の知識やデータ分析のスキルが必要とされてきました。しかしVUCAな環境下で経営の意思決定を支援していくためには、様々なステークホルダーのミッションや制約を踏まえつつ、議論をリードできるファシリテーションスキルも重要です。

これからの需要予測では、市場、顧客に関するデータを主体的に収集し、その背景を解釈しようとするデータのオーナーシップを持ち、ステークホルダーに予測の根拠をわかりやすく伝える説明責任を負って、経営層を含めて信頼されることを目指すべきなのです。

そしてこの需要予測のスキルは、SCMのプロフェッショナルだけが身につければ良いわけではありません。

✓ 商品開発やマーケティングプロモーション立案を担《にな》い、投資対効果を高めることを目指すマーケター
✓ 担当エリアやアカウントの顧客ニーズを捉え、売上や利益の拡大を目指す営業担当者
✓ 利益見通しを踏まえてコスト配分や投資の最適化を目指す経営管理担当者
✓ 営業、マーケティング、SCMのバランスを調整し、企業の成長を舵《かじ》取りする事業運営担当者

✓それら各領域の意思決定を担うマネジメント層

といった**ビジネスの様々な領域を担うあらゆる職種、階層に必須のスキルになっていきます。**

13のケースから見えてくる「需要予測の価値」

本書では様々なビジネス領域で価値を生み出す需要予測について、グローバルな研究知見や実務で必要なマインドについてお伝えしていきます。その際、先ほど挙げた「ケース0」のように、関連する13のビジネスケースを各章の冒頭に示すことで、より具体的に需要予測の価値を感じていただけるようにしています。

また、必ずしも最初からお読みいただく必要はありません。みなさんそれぞれの需要予測の知識レベルや立場、直面している課題や興味に合った箇所から読み始めても問題ない構成にしています。

第1章では、なぜ今、需要予測が注目され始めているかについて、ビジネス環境の不確実性やAIなどの技術進歩、S&OPといった新しいマネジメントプロセスの登場などを踏まえて解説します。ここではグローバルで研究された、需要予測の基礎的な知見も紹介しています。

第2章ではビジネスにおける需要予測が意思決定であることを踏まえて、認知科学や行動経済学の知見を紹介しつつ、予測AIでビジネス価値を創出するためのポイントを、①AIをつくる、②AIをつかう、③AIで（新しい価値を）つくる、という3つのフェーズに分けて解説します。

第3章では需要予測が関連する実務で直面しがちな問題に対し、世界で知られる経営理論を使って解決策を考える例を示します。ビジネスにおける需要予測は個人で行うものではないため、組織やマネジメントなどを対象とする経営学の知見が役立つのです。

第4章では需要予測を単に「未来を予測する」機能として捉えるのではなく、「未来を創造する」ためのスキルとして有効活用する考え方を提唱します。事業を成長させるためにどう需給をコントロールすべきなのか、顧客別のマーケティングを最適化するにはどんな情報を集めればよいのか、これらを考えるには需要予測のスキルが必要になります。

需要予測は関わる人の行動を変えます。納得感を持った集団の行動は環境に作用し、未来を変える競争力を持つことが経営学の研究で示されています。

2021年12月に農林水産省が国民に牛乳の消費を呼びかける[8]という異例のアクション

がありました。これはパンデミックの影響で外食需要が落ち込み、乳製品の消費も下ブレしたため、牛乳が大量に廃棄される予測が出されたからです。このニュースを見た多くの消費者がもったいないと感じて行動した結果、大量廃棄を回避することができました。[9] これはまさに、需要予測を基にしたリスクの発信が人の行動を変えた結果といえます。

VUCAな世界の中でも、需要予測の力で未来を創っていきましょう！

すごい需要予測

目次

1―2. 需要予測はこんなに面白い！

1―3. パンデミック？ 震災？ 緊急時の予測対策

第3章

世界の知見が需要予測のイノベーションを起こす

――組織間の協働力を高めよ

第4章 需要予測で描く未来のビジネス——予測を超えた需要創造へ 155

第1章

なぜ、いま需要予測が必要なのか

――VUCA時代の必須ビジネススキル

1-1. SCMとはなにか

ケース①

「お菓子を扱う食品メーカーが、他業界研究で化粧品メーカーが消費者に商品を直送するビジネスモデルを導入したことを知った。口紅1本から運ぶ利便性が好評だという。自社でも消費者直送モデルを導入すべきだろうか？」

解説はP26傍線箇所

キーワード▶消費者ニーズ、サービスとコスト、SCM

なぜAmazonの商品は翌日に届くのか

本書は従来、**サプライチェーンマネジメント**[10]（SCM）やマーケティングの文脈で語られてきた需要予測について、より広くビジネスに活用できる一つの重要なスキルとして、それが生み出す価値と予測スキルを鍛《きた》えるためのマインドを伝えていきます。

そのため、企業の組織構造やマネジメントプロセス、その中のビジネスパーソンの活動がどうパフォーマンスに影響するかを説明する経営理論なども使いながら、不確実性が増していくビジネス環境でどう需要予測を活用していくべきかを述べます。

「ちょっと待ってください。ＳＣＭって何？」という読者もいるでしょう。

そこでまずは、これまでフォーカスされてきた需要予測の役割についてふりかえってみましょう。

メーカーや小売業、サービス業においては、商品や店舗での接客、サービス内容といったものが目立ちますが、そうした消費者との接点を支えているのはＳＣＭという機能です。本書で何度も登場する言葉なのでぜひ覚えておいてください。

ＳＣＭは、**ビジネスに必要な商品の流れを適切にコントロールするという役割を担います。**

消費者が必要だと思った時に商品を購入できたり、サービスを受けられたりすることがメーカーや小売業の競争力になります。多くの方が使っているAmazonを想像してみてください。

多くの小売業にとって脅威となっているAmazonですが、その競争力の一つはＳＣＭです。Amazonのサイトで欲しい物を入力し、何度かクリックして決済すると、わざわざ外出しなくても、早ければ翌日、遅くとも1週間後くらいには商品が届きます。これは消費者が欲しいと思う「需要」に関する情報をAmazonが管理し、それを踏まえて商品を送ってくれているからです。

扱っている商品数は膨大で、たいていの場合は欲しい物を見つけることができるでしょう。このサービスレベルを維持するために、Amazonは大きな倉庫を各地に配置し、膨大な量の商品を在庫として用意しています。それでも利益を上げられているのは、商品の保管費、それを管理する人件費、商品を消費者へ届ける物流費、ウェブサイトの運営費などのコストとサービスレベルを適切に管理できているからです。これがＳＣＭです。その重要さはわかりますよね。

輸送費はサービスレベルを考えるうえで非常に重要です。

冒頭のケースを考える一つの切り口になりますが、例えば１個数百円といったお菓子やカップラーメンを消費者一人ひとりに直接送るのは効率的ではありません。商品で稼ぐことができる利益に対し、輸送コストが高くなり過ぎるからです。１本５千円以上するようなハイブランドの口紅であれば、輸送費が多少高くても十分な利益を確保できる可能性が高いと言えます。

メーカーのビジネスでは消費者との間に卸《おろし》や小売業が介在する場合が多いですが、一つの商品やカテゴリーでは、一人ひとりの消費者へ送るコストを負担することがむずかしいことも理由の一つです。**メーカーは商材のコスト構造や消費者のロイヤルティ、物流インフラの整備度合いなども考慮して、自社が提供するサービスレベルを考える必要があるのです。**

SCMが管轄する範囲は、商品やその原材料の発注や在庫管理、保管や入出庫といったロジスティクス、メーカーではさらに工場における生産など、多岐にわたります。こうした様々な機能を情報で連携し、できるだけムダのないように物をつくり、動かしていくことが目的になります。

日本ではまだあまり広まっていませんが、マーケティングや営業（販売）、ファイナンス（財務）、研究開発（R&D）[11]、経営戦略などと並べる際にはオペレーションと呼ばれ、海外のMBAではオペレーションズマネジメント[12]として教えられているものです。つまり、SCMも経営戦略やマーケティング、ファイナンスなどと並び、企業の競争力において極めて重要な機能と言えます。

メーカーはこれまでのように、品質のよい商品をつくり、テレビCMを流せば売れる時代ではありませんし、小売業も特売のちらしを配り、目立つ売り場をつくって顧客を待っていればよい時代でもありません。どれくらいのスピードとコストで、どのように商品を顧客へ届けるかという、**サプライチェーン全体をデザインすることが競争力に影響し始め**

図1-1 サプライチェーンのイメージ

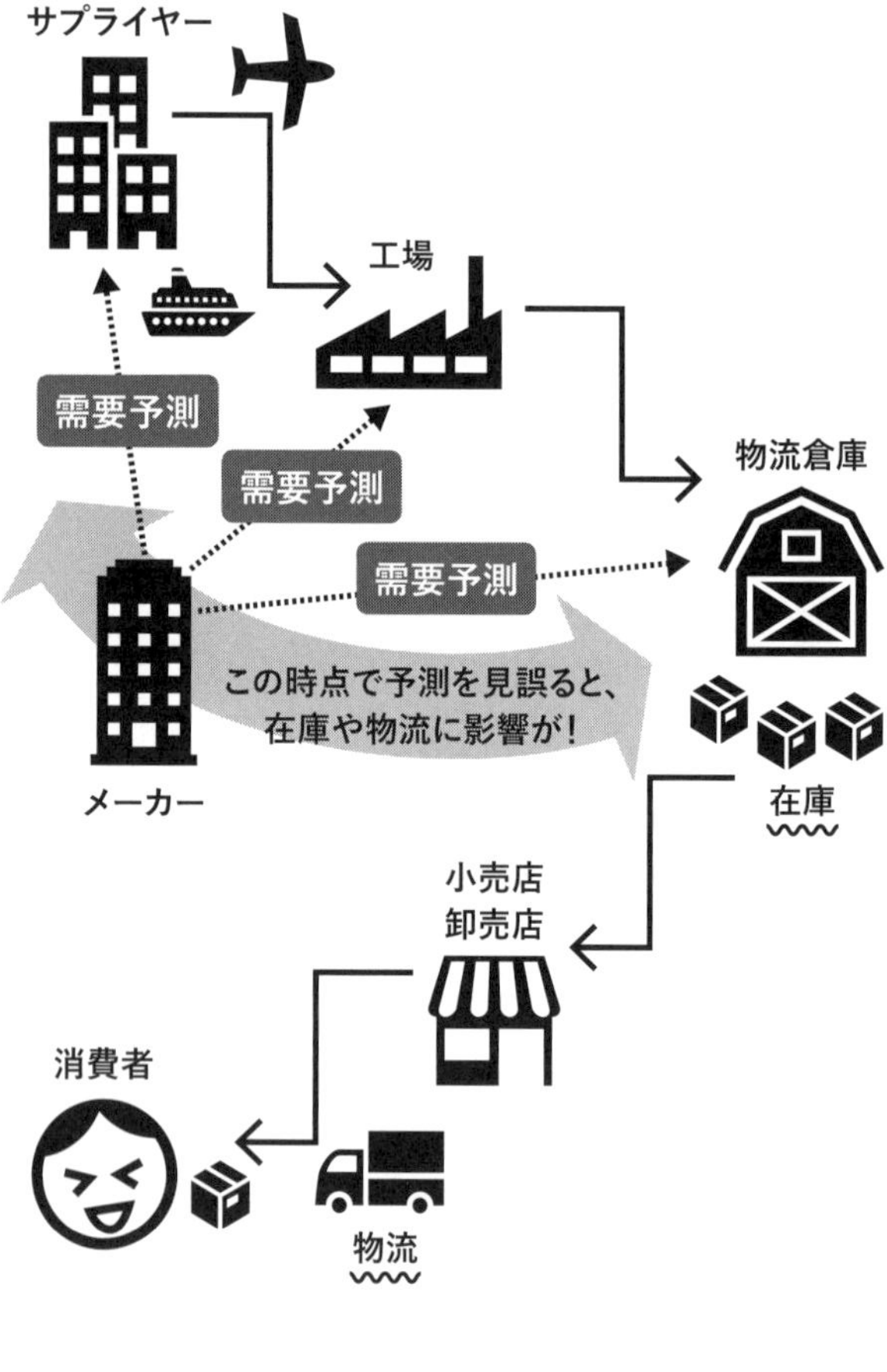

ているのです。

サプライチェーンを動かす需要予測

そしてSCMのトリガーとなるのが需要予測です。小売業においては、店長や従業員が棚や端末の在庫状況を見ながら商品の発注を行いますが、頭には先々の需要があります。例えば、お盆後に虫よけスプレーや汗拭きシートなどを大量に発注することはありません。秋の需要に向けた売り場を考え始めているからです。

一般に小売業では翌日や翌々日に商品が入荷することを前提とするため、そんなに先の需要について考える必要はありません。外食サービス業についても同様です。日々、短期的に必要になる食材を発注しています。

しかし、この発注を受けるメーカーでは商品をつくる必要があり、より長い時間がかかるため、もう少し先の需要を予測する必要があります。こうした時間はリードタイムと呼ばれますが、業界によってその程度は様々です。

例えばペットボトルのバリエーションは多くなく、各飲料メーカーはキャップやラベルの色やデザインで差別化を図り、それらの調達には数ヵ月や半年などはかからないことが一般的です。

一方で化粧品は各ブランドでデザインが大きく異なり、その調達には半年程度かかることも珍しくありません。こうした容器デザインの他にも、輸送の方法でリードタイムは異なります。

海外から調達する部品があれば、その分リードタイムは長くなりますが、これは船か航空機かによって大きく変わります。船の方が、時間はかかりますが、費用は安いといった特徴があります。扱う商材によって調達のリードタイムは大きく異なり、それを踏まえて需要を予測する必要があります。

小売業やサービス業からの発注は翌日や翌々日を対象としますが、配送のためのトラックや人員は、そんな短期間ではスケジューリングできません。つまり、ここにも需要予測が必要になります。

これらの例からわかる通り、**需要予測はサプライチェーンの所々で発生する時間のギャップを埋める役割を担います。**[13] 小売業やサービス業からの発注とメーカーにおける商品の生産、物流企業のトラックや配達人員の手配などに必要な時間のギャップです。

このバランスが崩れると生産が間に合わず品切れが発生したり、トラックが足りなくて配送の遅延が発生したりします。これを防ぐためにメーカーや小売店が大量に在庫を持ったり、物流企業がトラックを抱え過ぎたりすると、各所で不要なコストが増加し、企業の利益を減らしてしまいます。

どこかに過剰な負荷がかかったサプライチェーンは長く続かず、その商品やサービスの供給は滞《とどこお》り、やがて衰退していくことになるでしょう。つまり、顧客接点までをデザインするSCMが競争力を生み出している一方で、そのトリガーとなる需要予測のレベルが低いと、ビジネスの継続性が危うくなるわけです。

これだけでも様々な業界のビジネスにおいてSCMと需要予測が重要であることを感じていただけたと思いますが、近年では需要予測がより大きな競争力を生むプロセスが注目されています。

需要、供給、経営をつなぐ

みなさんは**S&OP**[14]という言葉を聞いたことがあるでしょうか。

これはSales and Operations Planning の略で、先述の通り、オペレーションとはSCMのことなので、そのまま訳すと「**販売計画とSCM**」といった意味になります。

これは特にメーカーにおいて重要になってきている概念で、経営戦略を売上の数字に落とし込んだ販売計画の実行をSCMで支援することを指します。

言葉だけを聞くと当たり前のように思われるのですが、実は発祥の地アメリカでも多くのメーカーでうまく運用できているとは言えない状況[15]で、広がり始めたばかりの日本でも、多くの企業が苦戦することが予想されます。実際、私が担当している需要予測のビジネス講座の中で１５０社以上にヒアリングしてきましたが、そもそもＳ＆ＯＰを知らないという企業が過半を占めていました。

Ｓ＆ＯＰの目指すところは経営、事業戦略のオペレーションとしての実行ですが、具体的なプロセスとしては、販売計画と供給制約のギャップを常にモニタリングしてリスクを想定し、先手先手でヘッジアクションを決めて実行していくことになります。

供給制約とは、商品やその原材料の調達、生産能力や、輸配送といったロジスティクスにおけるトラックや倉庫、それらを担う人員におけるものです。

ここで**販売計画と供給制約を共通言語としてつなぐのが需要予測です。**販売計画は経営戦略から考えられる場合が多く、その単位はエリアやアカウント（メーカーにとっての得意先である卸業者や小売企業）、ブランドなどであり、扱う品数が多い企業では商品別ではない傾向があります。

期首には商品別で立案したとしても、月や週の頻度で全商品の販売計画を更新するのは現実的ではないでしょう。販売計画を立案するのは営業部門であることが多いですが、営業担当者が背負う売上予算は商品単位ではない企業が多いですよね。

図1–2　S&OPで需要予測が経営を支える

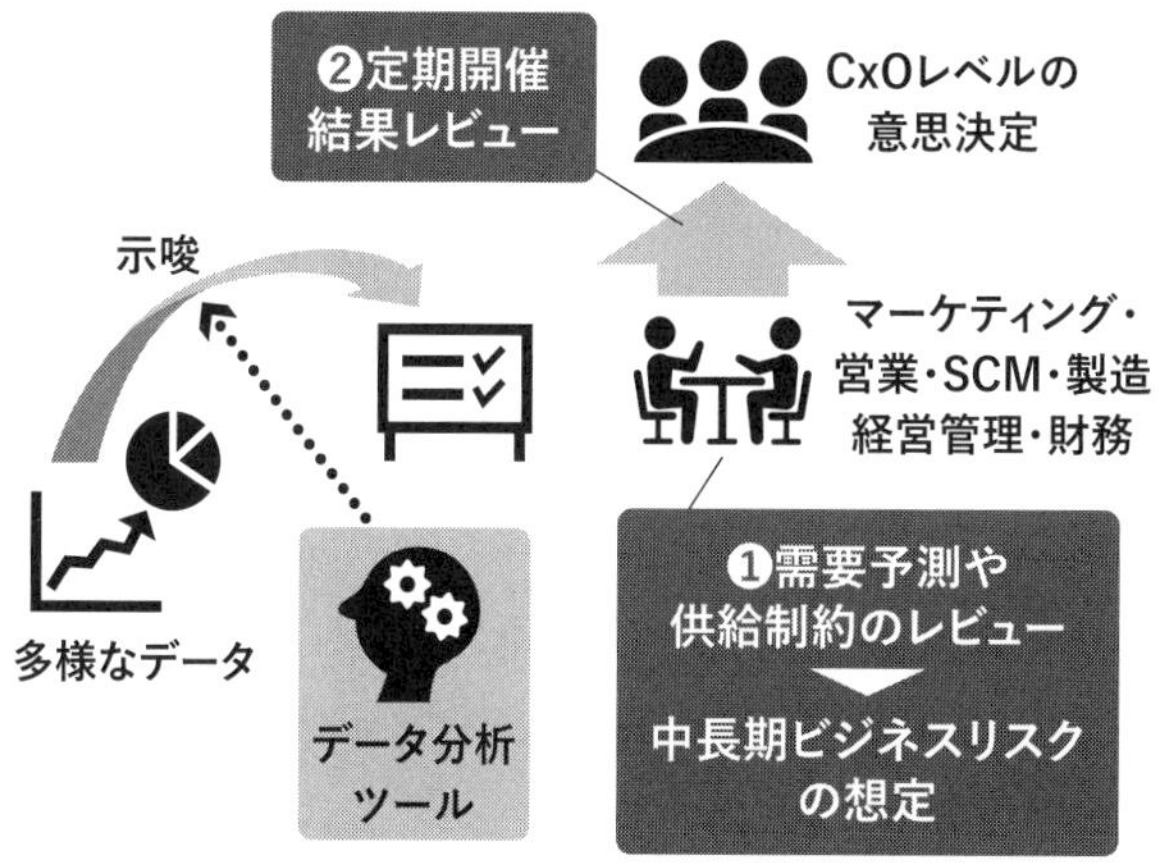

　一方で商品の生産やその原材料の調達には商品別の需要予測が必要であり、販売計画からダイレクトには計算できません。ロジスティクスにおける出庫人員やトラックの手配には、商品の大きさや重さを考慮する必要があり、やはり商品別の情報が有効になります。

　また、販売計画は目標としての側面があり、必ずしも直近の市場トレンドを反映しているわけではありません。

　つまり**需要予測は商品別に必要であり、かつ直近の市場トレンドも企業としての目標も考慮したものでなければならないのです**（図1－2①）。ここから、商品を開発したり、プロモーションを考えたりするマーケターや、売上予算を持つて顧客と商談を行う営業担当者、工場での生産を決める生産計画担当者がそれらの予測以外のミッションの下で考えるロジックでは、S&OPのための需要予測はむずかしいことがわかると思います。

需要予測が一定の精度を維持できないと、S&OPを実現することはできないと言っても過言ではないでしょう。ちなみにこれは海外の需要予測の専門家でも共通認識[16]です。S&OPで需要予測の精度を高めるのではなく、**需要予測の精度を高めることがS&OPに推進力を生む**のです。

需要予測を担うのは誰か

需要予測を担う担当者は、海外ではデマンドプランナーと呼ばれ、マーケターなどと同様に専門職として認められています。日本ではまだこうした職種は広く認知されているとは言えないものの、SCM部門に配置される傾向があります[17]。

なぜなら、需要予測以外のミッションを持つと、予測がその影響を受けてしまう[18]からです。

営業担当者であれば、売上予算達成のために在庫は多くある方がよく、この場合は生産のために伝える計画は高めになります。逆に、その数字が自分の予算に影響するのであれば、予算を達成しやすくするため、低く伝えるかもしれません。

マーケターは自分の開発する商品、考えるプロモーションは過去最高レベルを目指すため、提示する計画は高めになる傾向があります。取引先への納品率がＫＰＩ（Key Performance Indicator）となる生産計画担当者であれば、需要予測を高くするでしょう。

これらはすべて、各担当者のミッションにおいては合理的と言えます。しかし、これが企業において最適かと言うと、必ずしもそうではないことがわかると思います。そのため、比較的中立な需要予測がしやすいＳＣＭ部門にその機能を配置する企業が多いと言えそうです。

ただ、多くの企業で需要予測の専門的な人材や組織の配置にリソースを割《さ》けるわけではありません。さらに、デマンドプランナーを配置できたとしても、その職種だけが予測スキルを持っているだけでは、Ｓ＆ＯＰの推進力は弱いものとなるでしょう。

S&OPには営業、マーケティング、SCM、工場、経営管理、ファイナンス、さらには役員など、様々なステークホルダーが参加する必要があります（図1－2②）。これらすべての職種、階層のビジネスパーソンが、需要予測はできなくとも、その価値や考え方については理解しておくことが必須と言えます。

企業が組織として需要予測のスキルを高めるためには、需要予測のデータ整備やＡＩを含めたシステム支援、人材育成などに投資を行う一方で、トップマネジメント層が品切れや過剰在庫といった需給リスクへの批判から需要予測担当者を守ることが重要だと指摘されています。[19]

このためにも、役員クラスを含め、上位のマネジメント層は特に需要予測についての理解を深める必要があると言えるでしょう。

私は化粧品や日用品の実務だけでなく、ビジネス講座やコンサルティング支援を通じて、様々な業界の数百社以上の需要予測について議論してきました。その中で、需要予測が生み出せる価値が十分に認知されていないと感じますし、ＡＩのビジネス活用が本格化する中、そのための知見も考えつくされているとは言えないと思っています。

各社のビジネス、顧客、市場を熟知したプロフェッショナルの知見を、もっと需要予測に活かせる方法[20]もあります。本書を通じてビジネスにおける需要予測について知り、それを自社のビジネスとかけ合わせることで新たな価値を生み出すきっかけを掴んでいただければと思います。

1―2. 需要予測はこんなに面白い！

ケース❷

「コロナ禍《か》で、あるアパレルブランドの冬用の部屋着が大ヒットした。このブランドが翌年、夏用の部屋着を新発売したがあまり売れなかった。なぜか？」

解説はP41傍線箇所

キーワード ▼ 競争優位、VRIN、模倣容易性

代表的な3つの考え方

ここからは不確実性が高まるビジネス環境でどう需要予測を進化させようとしているのかを、必要なスキルを含めて紹介していきますが、その前に需要予測の基本的なことをお伝えしておきます。

需要予測にはどんな考え方があり、どんな指標で管理すべきなのかを知っておくと、その戦略的な活用を考えやすくなります。

ＳＣＭについてのグローバルでの標準的な知識体系は、アメリカのAPICS/ASCMという団体が整備しています。本書でも専門用語については、ＡＰＩＣＳが発行している辞書の対訳版から引用しています。また、需要予測についてはInstitute of Business Forecasting & planning（ＩＢＦ）という団体が、私の知る限りは最も多くの需要予測の知見を収集し、発信しています。特にビジネスの現場における需要予測の調査は興味深いものが多く、本書でも所々で引用します。

とはいえ、本書のスコープは需要予測の理論の解説ではありませんので、参考文献として紹介はしますが、詳しい内容については原著かデマンドプランナー向けの拙著[21]をご参照いただければと思います。

需要予測の考え方は、大きく3種類があります。

一つは過去の連続的なデータの推移から予測するもので、「**時系列モデル**」と呼ばれます。これは過去に起こったことが未来にも影響すると考えるもので、「商品が気に入ったからまた購入しよう（サービスを受けよう）」、「流行っているから買ってみよう」といった心理や行動を想定していると言えます。逆に、「今月買ったから来月は必要ない」といった、未来の需要にマイナスの影響を与える心理や行動も表現できます。

需要予測の古典的なモデルとして知られるＡＲＩＭＡモデル[22]は、こうした心理や行動を表現していると解釈することができます。

二つめは需要の原因となる要素から予測する「**因果モデル**」です。時系列モデルも、自身の過去データが原因だと考えているので、因果モデルの一種とも考えることができ、こうした予測モデルの区分けはざっくりとした分類と認識するのがよいです。

例えば書籍は、著者の人気や取り上げられているテーマの魅力、価格、書店への配荷、帯の訴求力、表紙のデザイン、出版社のブランド力、「はじめに」のキャッチーさやインパクト、口コミなどといった要素が需要に影響していると考えられます。これを式の形でモデル化するのが因果モデルです。

時系列モデルは過去の購買行動が原因となるという意味で、くり返し購入するような消費財や食品などの需要予測に向いている可能性が高いです。一方で因果モデルは、書籍や外出着など、通常はひとり一度しか購入しないようなカテゴリーの需要予測に適していると言えます。もちろん、消費財の需要予測にも因果モデルは有効活用でき、その具体的な活用法は本書でも各所でとり上げますが、需要の背景にある消費者の心理や行動を想像して、予測モデルを考えることが重要だということです。

三つめは「**判断的予測モデル**」と呼ばれるもので、人の判断がメインとなります。カリスマ社長率いる通販企業では、社長の一声で決まる売上目標を目指し、マーケティングと営業で協働するそうです。これも予測モデルの一種で、「Jury of Executive Opinion」[23]といった名前が付けられています。名前はともかく、こうしたトップダウンの目標や営業担当者の売上予算を需要予測とする企業も少なくありません。

もちろん、より科学的な判断的予測モデルもありますが、これらのモデルは属人性が高く、根拠も曖昧になる傾向がある一方で、少ないデータでも予測ができる点がメリットです。情報の不確実性が高い市場では、精緻《せいち》なデータ分析よりも高い価値を生む可能性があり、そうした研究結果[24]も発表され始めています。

「2匹目のどじょう」を掴むのはむずかしい

人による判断的な予測の考え方も、その人の過去の経験を踏まえている場合が多いということで、基本的にはどのモデルも過去データの分析が重要になります。

しかし、**数学や統計学を使って客観的に過去を引き延ばしたとしても、それだけでは精度の高い需要予測ができないのがビジネスです。**需要予測を学ぶと聞くと、ＡＲＩＭＡモデルや機械学習といったむずかしい方程式やアルゴリズムの解説を期待する方がいらっしゃいますが、実はビジネスの需要予測において、それは本質ではありません。考え方は知っておく方がよいですが、それよりも前提となっている消費者の心理や購買行動、企業のマーケティングや競合の反応、経営戦略として目指す目標や方向性といった要素を理解したうえで、どう需要予測を解釈して活用するのかが重要なのです。

冒頭のケースでアパレルブランドの例を挙げました。コロナ禍でテレワークが急増し、部屋着の需要が拡大したため、運よくヒット商品が出たというものです。

これに気をよくしたブランドが、次の夏にも新しい部屋着を発売したものの、売れなかったということでした。この理由の一つとして、競合もこのチャンスに乗り込んできたことが考えられます。ビジネスでは2匹目のどじょうはとりつくされるのです。自宅でリラックスできる仕事着をつくるのは、多くのアパレルブランドにとってそんなにむずかしいことではないでしょう。これは経営学者バーニーのリソース・ベースト・ビュー[25]で整理することができます。

バーニーは企業の競争力を社内のリソースで説明し、**VRIN**というフレームを提唱しました。これは企業の持つリソースが、

▼価値がある（Valuable）
▼希少性がある（Rarity）
▼模倣がむずかしい（Inimitable）
▼代替がむずかしい（No substitutable）

といった特徴を持つと高い競争力を生む、というものです。
つまり冒頭のケースの例で言えば、競合ブランドが簡単にはマネできないような技術や素材を使った快適な部屋着であれば、次の夏もヒット商品を生み出せた可能性があるということになります。

特に新商品の需要予測を行う場合は、単にその時の目新しさだけを評価するのではなく、**中長期的に競争力を維持できるか**という視点も重要になるのです。逆に言えば、競合ブランドが似た技術や素材を使って夏用の部屋着をつくってしまえば、自社の売上にマイナスの影響が出るでしょう。

過去データを統計的に分析するだけでなく、その数字の背景を、ターゲットと想定した消費者がどんなニーズを抱えていたか、自社のプロモーションに対して競合が強力なカウンターを打ってきたか、それに負けないだけの価値を提供し続けられたか、といった視点で想像することが必要になるのです。これがビジネスで求められる需要予測のスキルです。

需要の背景の想像と数字が自分の中で組み合わさり、新たな商品の需要予測の際に使えるようになるとプロフェッショナルと言えます。この暗黙知を形式知の予測値としてあぶり出す予測モデルを開発し、ＩＢＦのジャーナルに掲載いただいたのですが、それについては第3章で紹介します。

どれくらい先の時期を、どれくらいの時間単位で予測するか

このように、ビジネスにおける需要予測では考え方（ロジックやアルゴリズム）も重要ですが、それ以上に数字の背景の想像が重要で、モデルが出す予測値をただ信じるのではなく、それを解釈してビジネスリスクを評価するのです。

ここで言うビジネスリスクとは、品切れによる売上の機会損失や、過剰在庫によるコストの増加のことを指します。このインパクトの大きさはビジネスモデルによって様々であり、それによって需要予測の目指す水準も変わるので、ここで需要予測に関するルールや基礎的な知識を紹介します。

需要予測の精度や価値を解釈するには、次の2点を確認する必要があります。

一つは、どれくらい先の時期の需要を予測するのかです。これは専門用語では「**フォー**

キャスト・ホライゾン（horizon）」などと呼ばれています。

もう一つは、どれくらいの時間の単位の需要を予測するかです。例えば月単位の需要なのか週単位の需要なのかといったことです。これは「**フォーキャスト・バケット（bucket）**」などと呼ばれます。これらは商品の生産や、その原材料の調達にどれくらいの時間がかかるかと、工場のオペレーション管理のスケジュールによって決まります。

例えば、海外の工場で生産し、船で運んでくる場合は、4、5ヵ月先の需要を予測する必要があります。そうしないと、顧客が必要なタイミングに商品が間に合わないからです。

メーカーでは商品をつくるので、フォーキャスト・ホライゾンが長くなり、より先の需要を予測しなければなりません。

一方で、小売店であれば、発注すれば翌日か翌々日などに納品されるビジネスが多いと言えます。この場合は1、2日先の需要を予測すればよいということになります。

一般的には、フォーキャスト・ホライゾンは短い方が、予測精度が高くなることが知られています。なぜならより先の未来の方が、想定外の環境変化が起こる可能性が高くなるからです。さらに、環境変化に合わせて各企業はマーケティングプロモーションを変更することが多いので、それによっても需要は影響を受けます。

需要予測の精度を高めるという話になると、その考え方がフォーカスされることが多い

図1−3 ホライゾンとバケットの整理

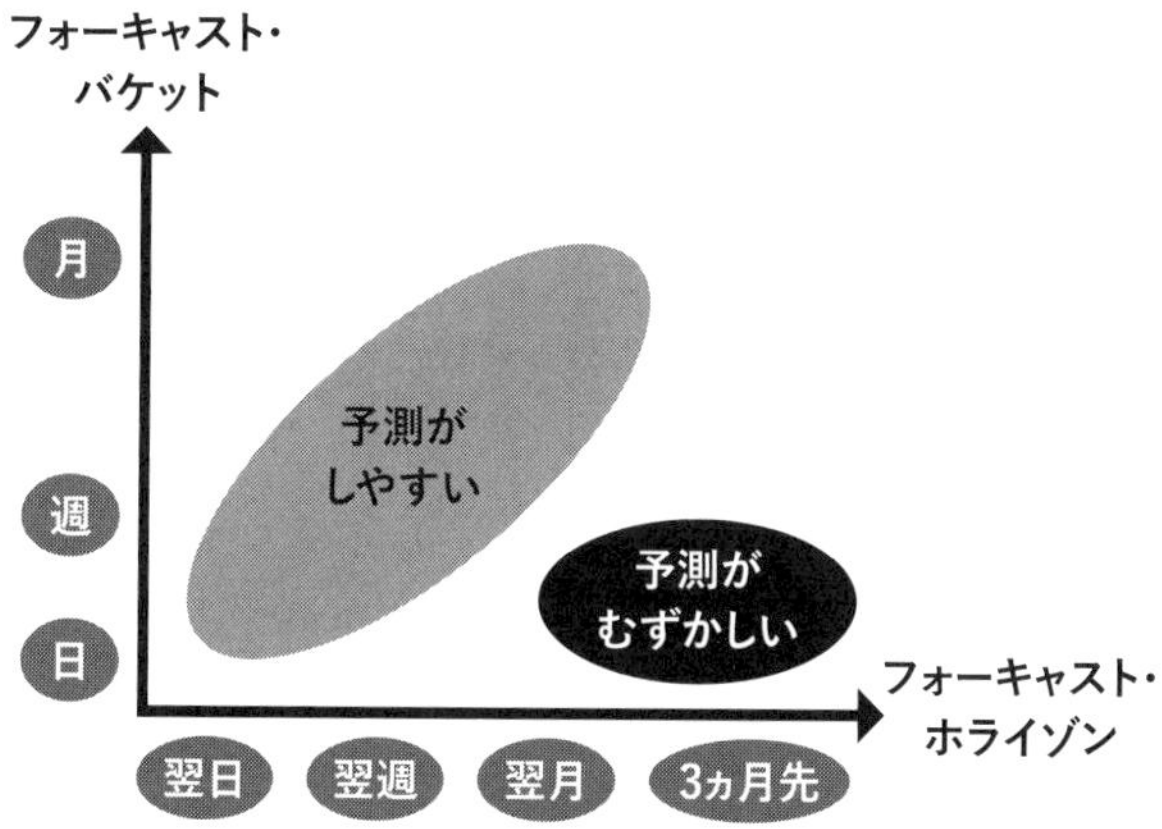

のですが、フォーキャスト・ホライゾンを短くできるように生産や調達を工夫することも有効な手になります。これは意外と見落とされています。

工場のオペレーションが月単位で管理されている場合は、フォーキャスト・バケットも月単位でよくなります。オペレーションの月単位での管理というのは、月内での生産の順番は工場の効率性を考えて決めてよいという意味です。

フォーキャスト・バケットは大きい方が、予測精度が高くなる傾向があります。予測の単位となる期間が長くなるほど、その中での需要の上下が相殺されるからです。

ある週に台風が来れば外出する人が減る

ため、その地域における様々な商材の需要が落ち込むでしょう。しかし台風が過ぎ去れば、その分の必要なものは後で買われます。結果、1ヵ月間の中では台風の影響は小さくなるということです。そのため、あえて週単位などの細かな需要を予測する必要がないのであれば、それに越したことはないです。

ただし、これはあくまでも生産や調達の観点です。日々の輸配送のためにも需要予測が必要なのであれば、日単位の需要も予測する必要があります。日単位となると、週単位よりもより多くの原因要素を考慮する必要が出てきます。

わかりやすいところでは天気です。さきほども例に挙げた小売店での発注は、日単位になります。そのため、**こうした小売店での需要予測には気象情報を使うとりくみ[26]が進んでいます。**小売店における需要予測は、ホライゾンの観点では予測はしやすいものの、バケットの観点ではむずかしくなると言えるでしょう。需要予測のホライゾンやバケットは「プリンシプル（Principle）」と呼ばれ、予測の前提となる重要な決めごとです。

世界の予測レベル

需要予測のプリンシプルを踏まえたうえで、どれくらいの精度を目指すべきなのでしょうか。こうした比較のための水準は「ベンチマーク」と呼ばれますが、多くの企業でこの

図1－4 代表的な予測精度指標MAPE

（個）

商品	予測	実績	誤差	誤差率	絶対誤差	絶対誤差率
A	1000	800	-200	-25%	200	25%
B	1500	1200	-300	-25%	300	25%
C	300	450	150	33%	150	33%
D	3000	5000	2000	40%	2000	40%
			平均：	6%		31%

相殺されて実態を表せない

このカテゴリーの予測精度＝MAPE

図1－5 売上で重みづけして経営インパクトを考慮

商品	予測	実績	誤差	絶対誤差	絶対誤差率	単価	売上金額	売上構成比
	（個）						（円）	
A	1000	800	-200	200	25%	2000	1600000	6%
B	1500	1200	-300	300	25%	5000	6000000	22%
C	300	450	150	150	33%	10000	4500000	17%
D	3000	5000	2000	2000	40%	3000	15000000	55%
				平均：	31%			35%

ここが改善ポイント！

売上で重みづけ
経営への影響を加味

設定に困っています。

そこで参考になるのがＩＢＦの調査[27]です。２０１４年に発表された、北米を中心とする企業の実務家１４６名への調査結果では、１ヵ月先の予測のＭＡＰＥ[28]という誤差率指標の平均は27％でした。**ＭＡＰＥとは複数の商品の予測精度を測るものさしとして世界で広く使われていて、予測と実績の差を実績で割った「誤差率」の平均値です。**複数の商品の誤差率の平均ですが、正負で相殺しないように絶対値の平均になります（**図１－４**）。

ＭＡＰＥは企業全体、カテゴリー別、ブランド別、エリア別、デマンドプランナー別といった様々な単位で算出することができ、比較によって改善すべき領域を分析することができます。そのため、経営へのインパクトが大きい商品の誤差をより反映するため、売上で重みづけして計算されたweighted-MAPEを使うのが一般的です（**図１－５**）。

ホライゾンが長い予測ほどむずかしいので、ＭＡＰＥも悪くなっていきます。先述の調査結果でも、２ヵ月先は29・6％、３ヵ月先は31・3％、１年先は37・7％となっています。**誤差の大きさの指標なので、数字が小さいほど精度が高いという意味になります。**

ホライゾンの他にＭＡＰＥを解釈する際に気をつけなければいけないのが、計算している予測の粒度です。需要予測の粒度は「グラニュラリティ（granularity）」と呼ばれることもありますが、商品という最小単位なのか、口紅といったカテゴリー合計なのか、とい

図1-6 ホライゾンとグラニュラリティ別のMAPEのレベル感

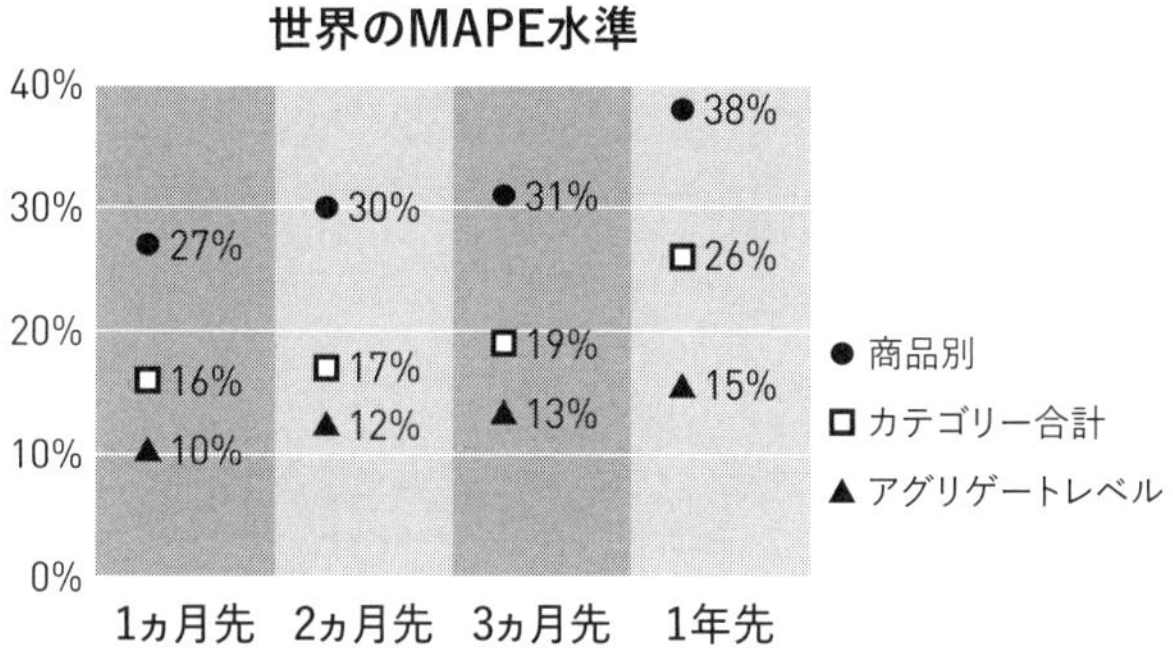

＊IBFの調査結果を基に筆者作成

ったくくりのことになります。これもバケットと同様に、くくりが大きくなるほど精度はよくなります。理由も同じで、中で誤差が打ち消されるからです。

例えば、ビビッドなレッドの口紅とヌーディーなベージュの口紅があったとします。片方は予測よりも売れ、もう片方は売れなかった場合、誤差の合計は相殺されます。

他にも食品では味のバリエーション、アパレルではサイズやカラーのバリエーションなどがあり、同様の傾向が見られます。

先述の調査結果でも、**３ヵ月先の予測のMAPEにおいて、商品単位だと31・３%でしたが、カテゴリー合計では18・９%、アグリゲートレベルでは13・３%と下がっていきます**（図１－６）。

アグリゲートはカテゴリーよりもさらに大きなくくりなので、事業やエリアといった規模感で理解いただければよいでしょう。

もちろん、この他にも需要予測の精度を評価する指標には様々なものがあります。予測値の偏りを評価する**Bias（バイアス）**[29]、誤差の大きさで評価する**RMSD**[30]、単純な予測[31]との比較で評価する**MASE**[32]、需要変動の察知に使われるバイアスを同期間のＭＡＤ[33]で割った**トラッキング・シグナル**[34]などが使われています。

本書はこうした需要予測の基礎的な知識の解説はスコープにしないため、これらについて学びたい方は別の拙著[35]をご参照いただくか、各種ウェブサイトなどで検索してみてください。

需要予測の考え方やビジネスにおける本質、前提や評価のための指標について、大まかなイメージは持っていただけたと思います。続いては環境変化でビジネスの継続性に問題が発生した際、いかに早く立ち直れるかというレジリエンシーについて、需要予測との関係を整理します。

1―3．パンデミック？ 震災？ 緊急時の予測対策

ケース❸

「未知のウイルスのパンデミックによって外出が減り、ある飲料メーカーの業務用のコーヒー豆が売れなくなってしまった。この需要の変化に合わせて在庫を減らしてきたが、直近ではパンデミックは収束しつつある。このメーカーは再び業務用のコーヒー豆の輸入量を増やすべきか？」

解説はP56傍線箇所

キーワード▶市場の不確実性、S&OP、シナリオ分析

コロナ前の予測データは使えない？

２０２０年の新型コロナウイルスの感染拡大後、様々な業界の企業から需要予測をどうすれば良いかという相談をいただきました。

私は２０１０年から需要予測に携わっていますが、２０１４年末以降のインバウンド需

要の急拡大と、コロナウイルスによるパンデミックが需要予測の2大イベントだったと思っています。こうした未曽有とも言える大きな環境変化は、今後も発生すると思っておく方がよいでしょう。

今回のパンデミックで強く感じたのは、**大きな環境変化の際の需要予測は、急にはできないということです。**平時から予測の考え方を整理し、ＳＣＭや経営における意思決定を担うビジネスパーソンが予測スキルを磨いておくことが必要です。２０２０年のパンデミックをきっかけに、海外でも需要予測オペレーションの見直しが始まっています。[36]

これまで需要予測は、１９４４年に考案されたといわれる指数平滑法[37]をベースとした、高度な時系列モデルで行われるのが主でした。

前項１－２で少し紹介したＡＲＩＭＡモデルはこの古典的なものです。他にもホルト・ウインタースモデル[38]が有名で、私はこの考え方が、需要予測を最初に学ぶのに最適だと考えています。

時系列モデルは需要予測において①水準（規模）、②トレンド（水準変化の方向性）、③季節性（くり返されるパターン）を可視化します。[39] 需要の実績、つまり売上はこれらが組み合わさったものであり、人が目で見て分解するのは簡単ではありません。

未来の需要を予測するためには、こうした要素ごとの特徴を把握し、過去からの推移とその背景を解釈することが有効です。単純な例を挙げると、日焼け止めの需要が4月から5月にかけて増えていっても、それは水準の変化ではなく、季節性によるものである可能性が高いと言えます。この需要の分解を人の判断よりも客観的に行うのが時系列モデルと捉えてよいでしょう。

しかし、時系列モデルで精度の高い予測を行うには、

1．どれくらい過去のデータから分析するか（初期値の決定）

2．直近のデータをどれくらい重視するか（パラメータの設定）

を適切に更新していく必要があります。

10年前などの古いデータを使うと、季節性が変わっている可能性がありますし、そもそもそんなに長く売り続けている商品は多くありません。

一方で、1年分もデータがないとすると、その季節性を把握することはできません。直近のデータを重視し過ぎると、たまたま誤発注で上がった売上を水準の変化と捉えてしまう危険性があります。

逆に過去のデータを重視するほど、直近のトレンドの変化に気づくのが遅くなってしまいます。つまり、**初期値とパラメータの設定はバランスが重要で、それは業界や商材、場合によっては商品のライフサイクルの段階によっても様々だということです。**

単に過去の実績と適合しているからと信じるのではなく、その背景を解釈して予測モデルを管理するスキルがないと、モデルが示す数字にふり回され、中長期で高い予測精度を維持することはできません。また、ここからわかるように過去データが必要で、月や週単くらいの需要予測では、少なくとも2年分以上が必要になるといわれます。

大きな環境変化があった場合に気をつけなければならないのは、初期値やパラメータを大幅に見直す必要が出てくるということです。

例えば化粧品では、口紅はマスクの使用が日常化したことで需要が縮小しました。また、渡航規制によって訪日中国人が激減し、春節《しゅんせつ》や国慶節《こっけいせつ》といった大型イベント時の需要も見られなくなりました。結果、新型コロナウイルス発生前の過去データは、使えないどころか、逆に予測をミスリードするものとなってしまったのです。

需要予測のモデルには、時系列モデルの他に、需要の因果関係を踏まえる因果モデルや、不完全、少数のデータでも扱える判断的モデルなどがあると紹介しました。しかしこれらのモデルを整備し、使いこなせている企業は多いとは言えない状況です。

時系列モデルも含め、導入直後から使いこなして高い精度を維持することは困難です。各業界、ビジネスモデルに合わせて必要なデータや使い方をアレンジすることが必要であり、それには時間がかかることに注意すべきでしょう。そのためには世界で研究されてきた様々な予測モデルを知り、日ごろから実務の中で試していくことが有効です。

不確実性に対処するためのシナリオ分析

外資系企業の参入やサプライチェーンのグローバル化によって、市場の不確実性が高まっています。またいつ、ウイルスや自然災害によってビジネス環境が激変するかもわかりません。

そんな中で注目されているのが、1－1でも登場したS&OPです。扱うブランド数や商品数が多い大きな組織ほど、それらを横断する意思決定が難しくなります。それぞれを管轄する組織が異なり、企業内でのコンフリクトが発生しやすくなるからです。

S&OPでは、意思決定を行うのは役員クラス（CxO）[40]であるため、事業やエリア、ブランドを横断した大きな決定を行うことができるというのが一つの特徴です。

S&OPを推進するための土台は需要予測です。ビジネス環境の不確実性が高まる中、従来のように一つの数字でサプライチェーンを動かしていくのには限界が見えてきています[41]。そこで重要になるのが「**シナリオ分析**」です。

例えばケースで挙げたようなウイルスの感染拡大が早期に収まるのか、感染拡大をくり返すのかは、どんな専門機関や大企業でも精度高く予測できているとはいえません。これらを複数のシナリオとして想定し、サプライチェーンマネジメントでリスクヘッジしておくことが有効になります。

感染が収束するのであれば、多くの商材やサービスで需要が回復すると考えられます。その時に商品や設備が用意されていなければ、売上機会を損失することになってしまいます。逆に感染拡大をくり返すのであれば、商品を大量に用意しておくことは、廃棄のリスクを増加させます。これらを数字で評価することで、その中のどのバランスでサプライチェーンを動かすのかを決めることができるのです。

ただしこれには、各シナリオにおける需要を予測できることが必要になります。

各シナリオにおける各種要素がどう需要に影響するのかをモデル化し、需要変動の幅を想定します。これは**レンジ・フォーキャスティング（Range Forecasting）**と呼ばれ、因果モデルの設計、または複数の予測モデルの併用で実現します。

因果モデルでは需要の原因となる要素から予測するので、その要素がどうなるかを入力することで、需要をシミュレーションするといった使い方ができるというメリットがあります。先ほどの例で言えば、新規感染者数などが含まれているとよいでしょう。

図1-7 需要予測によるシナリオ分析のイメージ

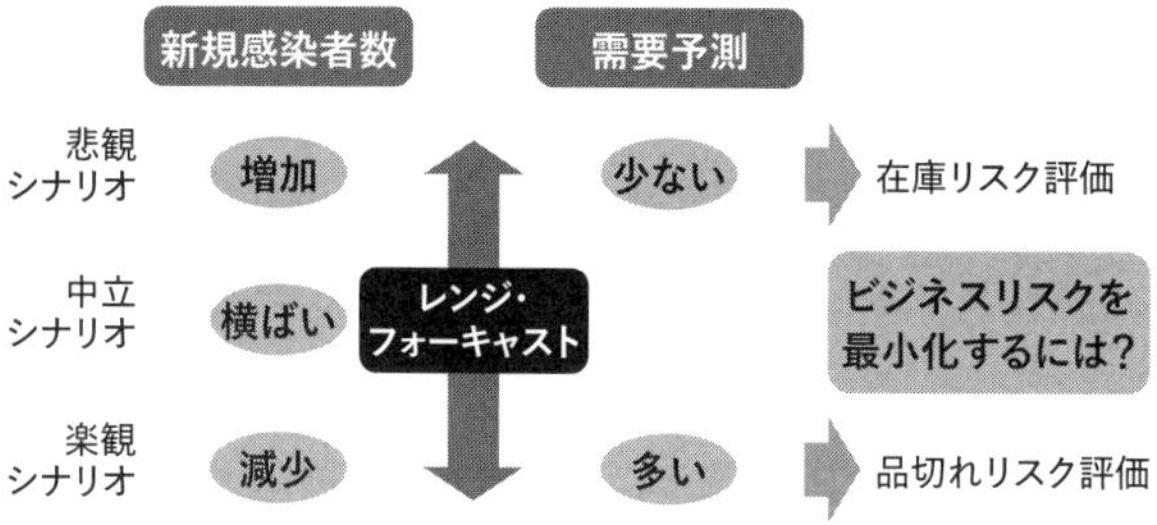

また、因果モデルだけでなく、人の判断を用いるデルファイ法[42]やＡＩなど、他の考え方のモデルも併用することで、需要予測に幅を持たせることも有効です。

私も不確実性が高い新商品の発売の需要予測では、3つの異なる考え方のモデルを駆使して、レンジ・フォーキャストを出しています。

予測をアジャイルに更新するためのAI活用

さらに、レンジ・フォーキャスティングができていたとしても、想定外の需要変動が発生することもあります。そのため、常に市場の変化をモニタリングし、需要予測をリバイスし続けることも重要になります。

私はこれを**アジャイル・フォーキャスティング**と呼んでいます。「アジャイル（Agile）」という言葉は近年、よく耳にするようになってきましたが、迅速さや俊敏さを表す英語です。扱う商品数が数千以上などと多い企業では、日々のＰＯＳデータやＳＮＳのコメントなどを人がモニタリングし続けることは現実的ではないでしょう。需要の変化の兆《きざ》しはそうしたデータに現れることが多いのですが、データは日々、大量に生み出されています。

これらから一《いち》早く需要の変化を察知し、需要予測を更新することで、売上機会の損失や不必要な生産を抑制することができます。

大量データを日々モニタリングするためにはＩＴによる支援が有効になりますし、さらなる分析のためにはＡＩを使うことも検討すべきと言えます（**図1－8①**）。

ただし、ＡＩを導入しても需要予測ではすぐに価値を生めるとは限りません。ＡＩの学習データのマネジメントや予測結果の解釈、さらには学習のフィードバックループ[43]を人が主導しなければなりません（**図1－8②**）。

ビジネスにおけるＡＩの学習データは、囲碁やチェスのように決まったルールの中で何百万という量を用意することは困難です。ルールが変わり、かつ限られた量の学習で精度を高めなければなりません。そのため、学習データをそのビジネス領域のプロフェッショナルがある程度、厳選する必要があるのです。

例えばマーケティングでは、ライブストリーミング[44]を使ったプロモーションなど、次々

図1-8 需要予測でレジリエンシーを強化する

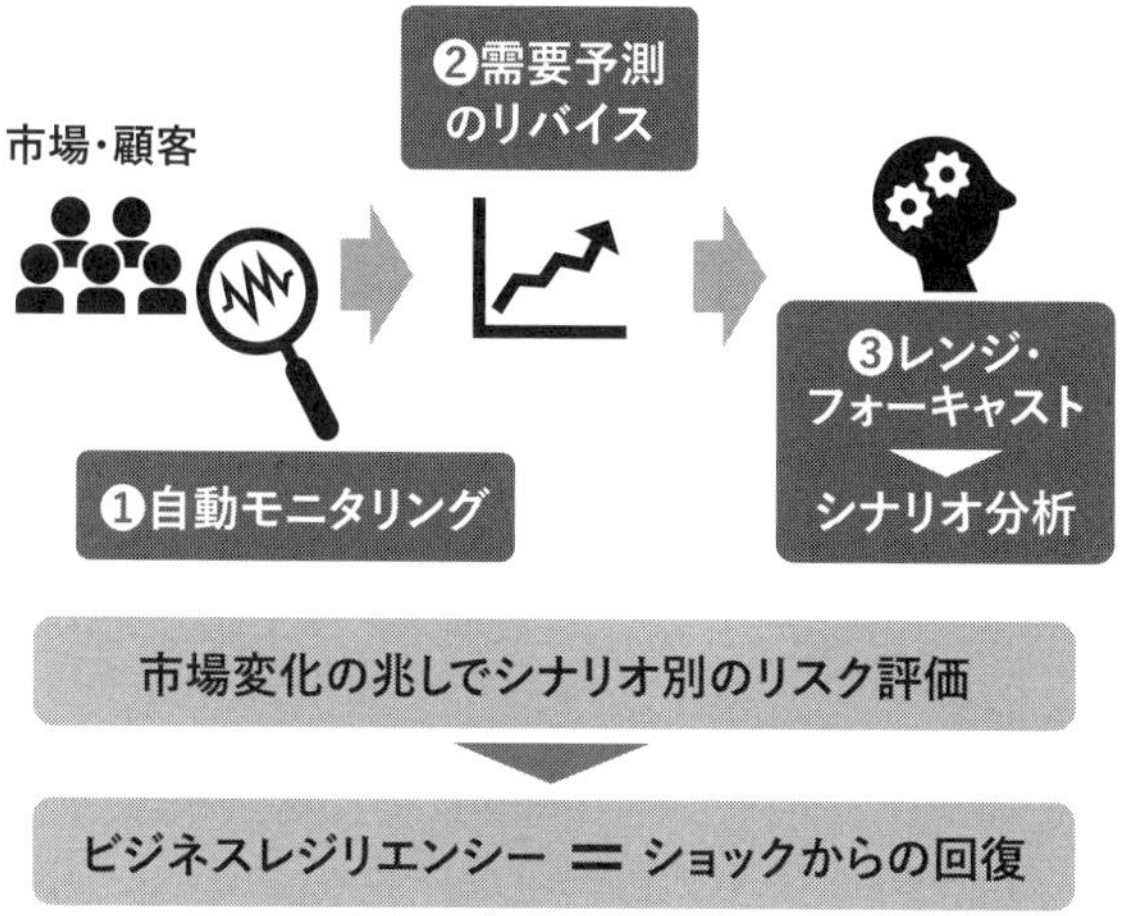

と新しいものが考えられていくため、学習データは常に更新し続けなければ、AI予測の精度を維持できなくなります。

ここから、AIを使ってビジネスで価値を創出するためには、アルゴリズムに詳しいデータサイエンティストだけでは不足で、**そのビジネス領域の専門知識やビジネスで解決すべき課題を適切に設定できるセンス、様々なステークホルダーへAI予測の結果を意思決定に使えるように正しく伝えられるコミュニケーション力を持つビジネスパーソンが必須**だと指摘されています[45]。これらについては第2章でより詳しく述べます。

サプライチェーンのレジリエンシーを高める需要予測

大きな環境変化があった際の需要予測は、その場しのぎの緊急対応ではうまくいかない場合が多いでしょう。

平時から時系列モデルだけでなく、因果モデルや判断的モデルなども設計し、レンジ・フォーキャスティングによってシナリオ分析ができるようにしておく必要があります（**図1－8③**）。

さらに、ＩＴの支援も使って市場の変化を常にモニタリングし、アジャイルに需要予測を更新できるオペレーションも整備しておくことが有効です。

これらは簡単ではなく、専門的な知見やスキルが必要になるため、企業として需要予測のスキルを持った人材を育成することを検討すべきです。

日本ではまだ、需要予測の重要性は海外ほど認識されていません。研究知見も圧倒的に少ない状況です。まずは様々な予測モデルや予測精度の評価指標、Ｓ＆ＯＰをはじめとするオペレーションズマネジメントの基本的な知識を学ぶ機会を、企業として支援していくことからはじめるのがよいでしょう。

不確実性の高い環境下では、常に精度の高い予測は期待できません。ＳＮＳでのＢＵＺ

Zは需要を大幅に増やすことがありますが、これを予測するのはＡＩでも難しいと言われています。自然災害やパンデミックも同様です。そのため、いかにこうした外部環境の変化を早期に察知し、アジャイルに対策を実行することができるか、が重要になるのです。

従来の製造業では、リーン（Lean）という言葉で表されるように、ムダのない効率的なオペレーションが理想とされてきました。しかし大きな環境変化によってビジネスの継続性の危機を感じる中で、レジリエンシー[46]（Resiliency）というショックからの回復力が注目されるようになってきました[47]。

ＳＣＭにおいては、在庫は一つのレジリエンシーを高める手段です。しかしただ在庫を増やすのでは、管理コストを不必要に増加させることになってしまいます。そうではなくて、**ビジネスの危機に対して迅速に対応するためのアジリティで、レジリエンシーを強化することを考えるべき**なのです。

幅を持った需要予測をアジャイルに更新していくという新しい発想が、Ｓ＆ＯＰを通じてサプライチェーンのレジリエンシーを高め、経営をパワフルに支援すると考えています。

第1章のポイント

▼需要予測は従来から認識されてきた在庫管理やSCMのための機能だけでなく、これからはマーケティングや経営管理を進化させる役割で競争力を生み出す

▼需要予測の知識やスキルは、専門的なデマンドプランナーだけでなく、営業やマーケティング、経営管理、財務、企画など様々な職種、階層のビジネスパーソンが身につけることで、それぞれの業務を進化させられる

▼海外では需要予測について研究されていて、たくさんの知見が発表されている

▼不確実な環境では一つの数字を信頼し過ぎるのではなく、幅を持ったレンジ・フォーキャスティングでシナリオ分析をするのが有効になる

▼アジャイルな需要予測がサプライチェーンのレジリエンシーを高め、競争優位を確立する

第2章

予測AIがビジネスのやり方を抜本的に変える

——人が予測できること、できないこと

2—1. ビジネスの需要予測は意思決定が9割

ケース④

「ある化粧品メーカーがメイクアップの秋の新色を開発している。春に行った消費者調査を基に生産を決めたが、品切れも過剰在庫も出てしまった。なぜか？」

解説はP65傍線箇所

キーワード ▶ 認知バイアス、二つの思考プロセス、意思決定

春には春の気分を反映した商品が売れる

人の合理性は限定的である、という説を聞いたことがある方も多いかと思います。

これは「**限定合理性**（**Bounded Rationality**）[48]」と名付けられていて、ハーバート・サイモンという学者が１９５５年に提唱した考え方です。

限定合理性は「人は非合理的である」というのではなく、「**人の記憶や情報処理能力は無限ではないため、合理性には限界がある**」といった意味になります。

この考え方は人の合理性を前提とした経済学へ一石を投じ、議論を呼びましたが、後にエイモス・トベルスキーとダニエル・カーネマンをはじめ、様々な研究者が意思決定における歪みを支持する研究結果[49]を発表し、行動経済学という新しい研究領域が切り開かれました。

例えば人の選択は、選択肢の内容だけでなく、その表現の仕方によって変わってしまうといったことで、これは日常生活やビジネスシーンのあちこちで見られます。２００２年にカーネマンがノーベル賞を受賞したので、記憶に新しい方も多いかと思います。

人の意思決定は限定合理性以外にも、時間の制約や感情、その時のムード（社会的な雰囲気）によっても影響を受けることがわかってきました。

さて、冒頭のケースにおける答えの一つは、メイクアップは季節によって売れる色が異なり、春の調査結果は春の気分を反映していたからというものです。

私が長らく担当してきたアイシャドウでは、春はピンクやオレンジ系が売れる傾向がありました。その時期に雑誌で取り上げられる色、様々なブランドが発売する色の影響はもちろん、人気のタレントやアーティストが季節のイメージに合わせたメイクをしていた、といった影響もあるでしょう。

秋にはおそらく服の色味との合わせの関係もあり、ブラウンやベージュ、バイオレット系の需要が上がってきます。もちろんその時期の流行や、特定のブランドにおけるプロモーション色などもあり、実際はこれよりも複雑ですが、カラーの需要に季節の影響があるのは、私の感覚では確かです。

予測は〝頭を使う活動〟

消費者調査は対象人数が限られていることから、回答者の好みが色濃く反映されてしまうのも、メイクの需要予測ではむずかしい点になります。これはアパレルのカラーバリエーションでも同様でしょうし、食品における味のバリエーションでも似たようなことになると思います。こうした偏りは「**バイアス**」と呼ばれます。

さらに、こうした調査は回答者の元々の好みに加え、その時の気分の影響も受けます。その日にたまたま着ていた服が似合うと言われていたら、その色に合うメイクの評価を高くしてしまうかもしれません。これは調査日が1日でもずれていたら、変わっていた可能性が高いと言えます。こうしたばらつきは「**ノイズ**[50]」と呼ばれます。

人の判断や意思決定はこれらバイアスやノイズの影響を受けるという知見を踏まえ、消費者調査の結果は解釈する必要があります。

これに関連し、意思決定以外にも推論やひらめきなどといった、人の認知過程（いわゆる〝頭を使う〟活動）を研究対象とする学問として認知科学がありますが、私は予測もその対象の一つであると、実務の中で考えるようになりました[51]。

なぜなら**ビジネスにおける需要予測は、最終的には意思決定になるからです。**

前章でも述べた通り、統計学やＡＩはあくまでも過去の特徴やパターンを分析するものであり、未来の新しい要素は考慮できません。

実際、需要予測のオペレーションが整備できている企業では、まずＡＩや予測システムを使ってデータ分析ベースの予測[52]を行い、ここにマーケティングや営業、ＳＣＭ、ファイナンスなど、様々なステークホルダーが目標、未来の要素についてコンセンサスを形成し、生産につながる需要予測[53]とします（**P33図1−2**）。

それぞれのプロセスで必要なスキルは異なりますが、生産につながるということは企業としては投資であり、それには意思決定が必要になります。ＡＩが精度の高い予測を提示できるようになったとしても、その数字をそのまま使うと決めるのは人になるはずです。

需要予測が意思決定であるならば、限定合理性の影響を受けると考えられます。個人の経験や知識に基づく思考の偏りや、直前の体験やその時の気分による考えの揺らぎが、正しい意思決定を妨げてしまいます。

さらに、意思決定時点では知ることのできない「**客観的無知**[54]」と呼ばれる未来の不確実性も存在します。冒頭のケースで言えば、秋にこのブランドの顧客層に人気のあるアーティストが特定の色をtwitterで取り上げ、その需要が爆発的に増加するといったことは予測できません。こうした人の意思決定における限界や特徴を知っておくことで、不必要なミスを予防できるのではないかと考えました。

ここでは人の意思決定に関する研究知見を紹介しつつ、需要予測の実務における事例を考察し、人の思考のクセによる落とし穴を避ける思考法をお伝えします。

「今年の品切れ」で来年の需要は増えるのか?

私が、需要予測も認知過程の一つであるという考えに至ったのは、日焼け止めの需要予測担当者の一言がきっかけでした。

ある年の夏、日本で有数の日焼け止めブランドの商品が大ヒットし、品切れが発生しました。日本市場においては、日焼け止めは紫外線が強くなるゴールデンウィークと、梅雨を越えた夏休みに需要のピークがあります。

この日焼け止めの需要に影響する要因には諸説ありますが、一般的には気温や日照時間、梅雨の長さ、晴れの日の数などが影響すると言われています。私が過去に行った統計分析からは、**カテゴリー全体には気温などのマクロ要素、特定のブランドにはマーケティ**

図2-1 日焼け止めの需要に影響する要素

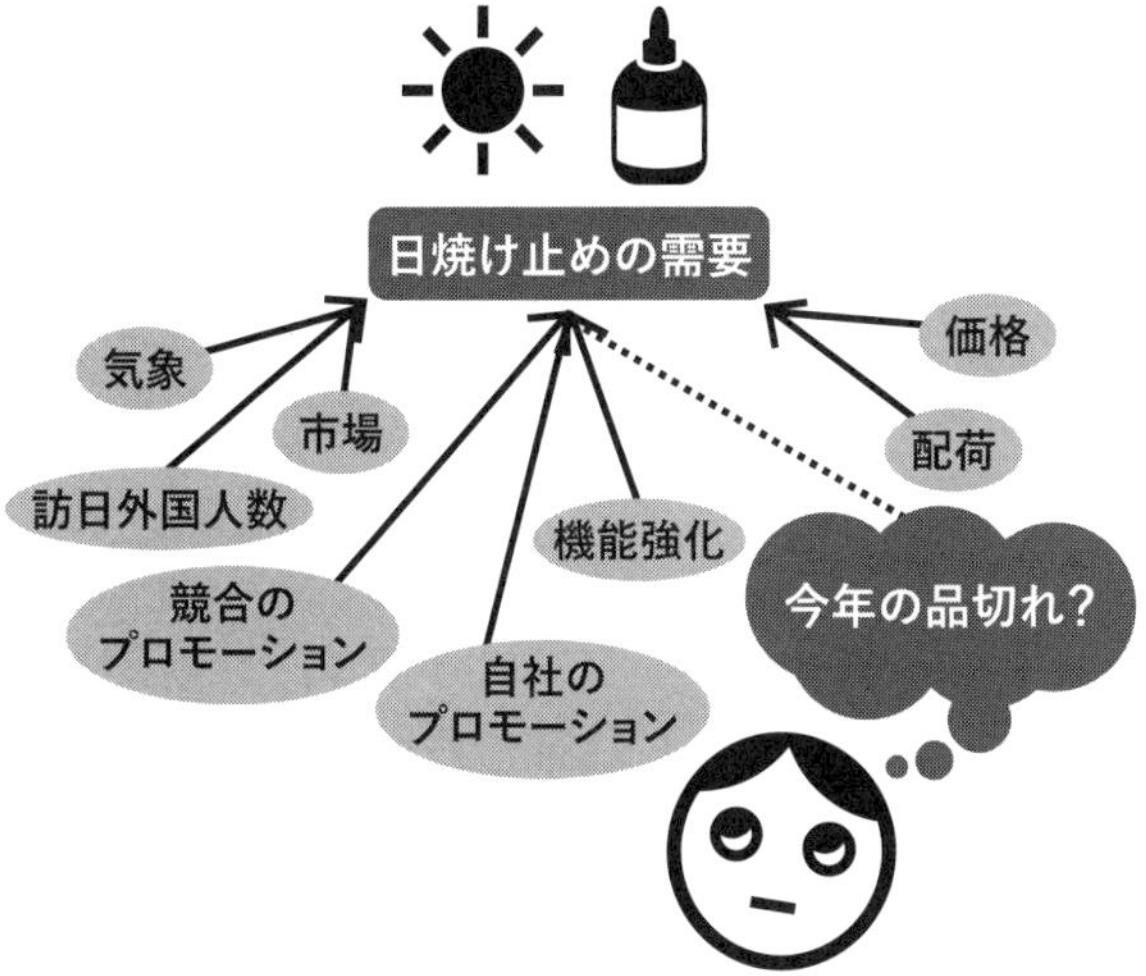

ングプロモーションの成否などのミクロ要素が影響するという結果になりました。

　日焼け止め市場全体の需要は気温や天気などの外部環境要素の影響を受けますが、その中ではメーカー、ブランド間の激しいシェア争いがあり、新商品の発売や新ブランドの参入、プロモーションのインパクトなど、細かな要因によって需要が大きく変わるということです。

　基本的には天気が良くて暑い夏ほど、人は海などの行楽地などに出掛けるため、日焼け止めの需要は高まる傾向があります。ある夏は梅雨の期間が比較的短く、猛暑であり、おまけに残暑も厳しいという、日焼け止めブランドには嬉しいものでした。

ただ、需要予測を大幅に上回る売上を記録したため、需要のピークである夏休みシーズンに品切れが発生してしまったのです。オフシーズンの冬ならまだしも、需要のピークシーズンは売上規模も大きく、品切れによる機会損失の規模も大きくなります。

結果、需要予測を担う部門は様々な部門からの問い合わせや緊急対応に追われることになりました。もちろん、できる限りの増産調整やスピーディーな出荷手配など、打てる手は尽くします。しかし、需要予測担当者をはじめ、ＳＣＭや営業部門はイレギュラーな対応に追われ、少なからず人は疲弊しました。

話はこれからです。この経験をした日焼け止めの需要予測担当者が、次のシーズンの予測の際に、「今年は品切れして大変だったから、来年の予測は高くしておこう」とつぶやいたのです。私はこれを聞いた時、**今年の品切れは来年の需要に影響する要素なのか？**と違和感を覚えました（**図2－1**）。

予測ミスを認知科学で考察する

ここで私が思い出したのが、トベルスキーとカーネマンが発表した**プロスペクト理論**[55]です。プロスペクト理論は不確実な状況下における人の意思決定を説明する一つの理論であり、次の3つの興味深い説を特徴としています。

1. 利益が得られる場面と損失を被《こうむ》る場面では、効用（幸せな気持ちや残念な気持ち）の変化は非対称的である（例えば金額が同じでも、損失の方が利得よりも重く感じる）
2. 判断の基準となる参照点（リファレンスポイント）というものがあり、それは状況により変化する
3. 利益や損失の程度が大きくなるほど、効用の変化は小さくなる（逓減性《ていげん》）

プロスペクト理論の詳細に興味を持った方は原著や行動経済学の書籍などをご参照いただきたいのですが、私はこのプロスペクト理論で、先述の品切れが日焼け止めの需要予測に与える影響を解釈できると考えました。

2つ目の特徴である、リファレンスポイントの移動は、例えば〝ついで買い〟行動や、取引先との会食と友人たちとの飲み会におけるお酒の味の違いなどを考えていただければ理解しやすいと思います。

同じ金額、同じもの、同じ量でも感じ方に違いがあるというのは、受け取り側の状況に変化があったからです。**人は「常に変化しない基準」ではなく、「状況に応じて変化する**

基準」から物事を判断する、と考えるのがプロスペクト理論で述べている一つのポイントなのです。この基準点がリファレンスポイントであり、それは移動します。

品切れが発生すると、需要予測担当者の予測のリファレンスポイントが移動し、高めの需要予測から検討を開始してしまうのではないかと考えました。

需要予測におけるリファレンスポイントの移動は、品切れだけでなく、過剰在庫が発生した際にも見られます。この場合は需要予測が低くなる傾向があります。こうした品切れや過剰在庫が需要予測に与える心理的な影響は、プロスペクト理論の他の特徴である非対称性や逓減性も備えています。

過剰在庫よりも品切れの方がすぐに問題になるため、品切れを防ぐ方が重要だと、無意識でも思っているビジネスパーソンは多いはずです。これが非対称性です。また、2倍の量が品切れすれば、2倍の罪悪感を覚えるのではなく、まずは品切れが発生したことに対して大きな罪悪感を覚えるはずです。これが3つ目の特徴である逓減性です。

品切れや過剰在庫による需要予測のリファレンスポイントの移動は、ビジネスリスクの察知という意味で必ずしも悪いことではない一方、需要予測を行う際には認識しておきたい知見です。

主力の商品が毎年ピークシーズンに品切れするのは、消費者や顧客の観点からも好ましくありません。同様に、様々な商品で過剰在庫が積み重なっていくと、場合によっては赤字に転落します。この危機感自体は正しいものと言えます。しかし需要予測は切り離して考えるべきであり[56]、このような認知の落とし穴を認識したうえで、「**冷静な思考**」を心掛けることが必要です。

これは「**Cold Cognition**」と呼ばれ、認知科学の知見を現実世界における意思決定に活かす思考法として知られています。

この「Cold Cognition」という考えの背景にあるのが、**人の思考のプロセスには2つの種類があるという、二重過程理論**[57]です。多くの研究者によって様々な2種類の思考プロセスが提案されていますが[58]、大まかには「直感的な素早いプロセス」と、『分析的な思慮深いプロセス」に分けられます。

それぞれにメリットデメリットがあり、前者はヒューリスティクス[59]などとも呼ばれますが、高速で思考の負荷が少ない一方、反射的な側面があるためにミスや考慮の抜け漏れが発生する確率が高いと言われています。

逆に後者は分析的な思考のために時間がかかる一方、冷静な判断、意思決定ができる可能性が高いというメリットがあります。ヒューリスティクスは全数探索に対する概念でも

図2−2 需要予測をミスリードする認知バイアス

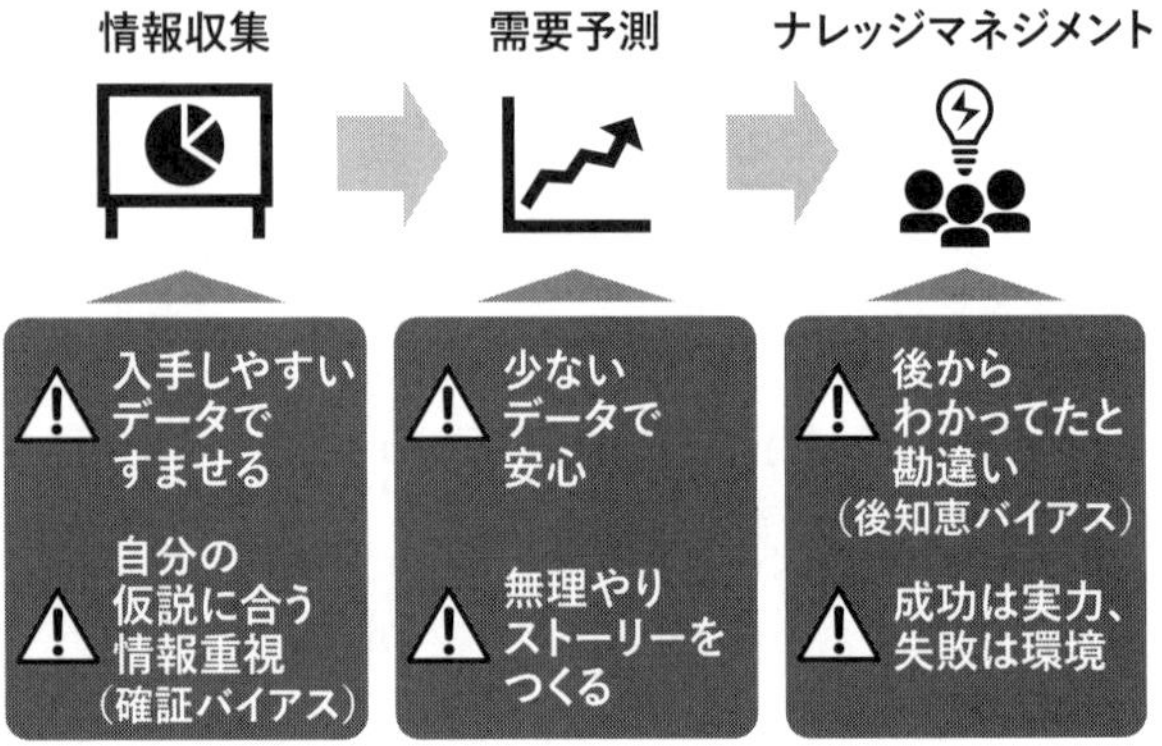

あり、思考のクセとも言える認知バイアスに気をつければ、スピードが重視されるビジネスにおいては有用であることも多いのが事実です。

代表的なバイアスとしては、自分が信じる説を支持するデータばかりを重要視してしまう「確証バイアス」や、結果が出た後に自分は最初からわかっていたと錯覚してしまう「後知恵バイアス」などがあり、これらのバイアスに気をつけることが「Cold Cognition」と言えるでしょう（**図2－2**）。

もっとも、何についても分析的な思考法を使いなさい、ということではありません。

需要予測でもビジネスの現場では精度だけでなく、それ以上に速度が重要になることが多々あります。すでに紹介したアジリティです。もちろんある程度の分析に基づく根拠は必要になり、それなりの精度も求められますが、**特に不確実性の高い環境下では予測の速度が非常に重要になり、そこではヒューリスティクスが活躍するのです。**

予測の認知バイアスを防ぐ思考法

では、「Cold Cognition」を実行するには、具体的にはどうすればよいのでしょうか？ **単に認知バイアスを把握し、気をつけるだけでは不十分です。**なぜなら、認知バイアスはわかっていてもそう思ってしまうという特性があるからです。

そこで私が提案しているのが、**STeMフレームワーク**です。「stem」とは樹の幹という意味があり、認知バイアスに惑わされず、自分の思考の軸（幹）をしっかり持ちましょう、という意味を込めています。

このSTeMは次の3つのキーワードの頭文字です。

①Statistics：統計学
②Team：チーム
③Model：フレームとなる考え方

1つ目の「Statistics」は統計学であり、データを客観的に捉えるツールになります。需要予測に関連する社内外のデータは豊富にあり、それをいかに有効活用できるかがパフォーマンスに影響します。

ここで言う有効活用とは、膨大なデータから意味のある示唆を抽出するデータ分析のことです。法政大学の豊田裕貴教授によると、データ分析には、

1. 要約
2. 関係性の抽出
3. サンプルの分類
4. 変数の縮約（結果系に同様の影響があるものをまとめること）

の4種の目的がありますが、これらは統計学によって客観的に行うことができ、説得力を持つのです。客観的ということは、認知バイアスが影響していないことも意味しており、これは「Cold Cognition」の有効な一手になると考えています。

2つ目のキーワードは「Team」です。

認知バイアスは個人の経験や、それによって培《つちか》われた価値観などに影響を受けます。そのため、複数の人の意見を聴くことで客観性を与えることができます。

需要予測において特にこれが重要になるのは、ナレッジマネジメントを行う時です。統計学やＡＩを駆使し、ある程度のレベルの需要予測を行っている企業においては、予測精度の向上にはナレッジマネジメントしかないと私は考えています。

ナレッジマネジメントとは、データ分析に基づく知見の創出、蓄積、活用促進のことです。この成否は、過去の実績と関連する定量・定性的なデータから、いかに意味のある解釈を生み出せるかにかかっています。これには統計学だけでは不十分で、その領域のビジネスナレッジが必須となります。この時、データの解釈において認知バイアスが悪影響を及ぼす可能性があり、これを防ぐためには、そのビジネス領域の複数名のプロフェッショナル、つまりチームによる議論が有効になるのです。

最後のキーワードは「Model」ですが、これは考え方のフレームワークのことを指します。需要予測では予測モデルのことであり、需要に影響する要素が、その影響度と共に整理されたものです。

これがあると、自分が信じたい仮説を支持する根拠だけを重視してしまう、確証バイアスを防ぐことができます。なぜなら、予測モデルに沿って需要予測を行うと、すべての要素について検討する必要があるため、特定のものを軽視することがむずかしくなるからです。

モデルがあると、それに沿って知見も蓄積できるので、ナレッジマネジメントを体系的に行うことができるというメリットもあります。需要予測においては、このＳＴｅＭフレームワークに基づくオペレーションを整備することで、認知バイアスを避け、予測精度の向上を目指すことができるようになると考えています。

さらにこれからは、このModelの一つとしてＡＩを加えることが広がっていくでしょう。

ＡＩはアルゴリズムなので、ここで紹介した認知バイアスとは無縁だと思われるかもしれません。そうであればこのＳＴｅＭフレームワークをよりパワフルなものにします。しかし、ＡＩの予測にも人同様に認知バイアスが見られる懸念が指摘されています。マイクロソフトのＡＩボットTayが差別発言をするようになったというニュース[60]を見た方もいらっしゃると思いますが、**AIの学習データにバイアスがかかっていると、AIのアウトプットにもバイアスが見られるようになってしまう**のです。

需要予測ＡＩも同様で、学習データの良し悪しがＡＩ開発の成否を決めます。そこで次項では精度の高い予測ＡＩをつくるポイントについて紹介しましょう。

2―2. 予測AIを創ろう

ケース⑤

「ある消費財メーカーは需要予測AIの導入を検討している。そのために少なくない費用をかけてデータサイエンティストを採用することにした。現在、属人的に需要予測をしている人材は、リソースを最適化するために他部署へ異動させるのがよいのだろうか？」

解説はP87傍線箇所

キーワード　暗黙知と形式知、組織学習、協働

AIの強み

AIという言葉は当たり前のようにメディアに登場するようになりました。AI自体は以前からあり、私が大学生であった2000年代にも耳にしました。AIとは、私は人の予測や推論といった知的活動を代替するプログラムだと考えています。

AIは人の知的活動を代替するために、データから〝学ぶ〟必要があり、それは**機械学**

習と呼ばれます。以前は、人が正解を教えなければならず、この学習データを十分な量集め、処理させることがボトルネックになっていました。しかし、

・センシング技術とデータ基盤の進化によるビッグデータの取得難易度の低下
・PCの情報処理能力の向上
・正解を人が定義する必要のないディープラーニングという学習ロジックの開発

といった進化があり、AIが大量のデータから自律的に学ぶことができるようになったのです。

具体例を挙げると、人はネコがどういった生き物なのかを定義することは簡単ではないですが（ヒゲとシッポがあって、毛で覆われていて……）、100万枚単位の写真を読み込ませることで、AIはかなりの精度でネコを判別できるようになったそうです。ちなみにセンシングとはセンサーから連想できるように、情報を検知することです。

私が認識しているAIの強みは、

・人では処理しきれない量の情報を（処理量）
・高速に（スピード）
・正確に（精度）
・飽きずに（継続性）

学習できることとです。一方で人にはどんな強みがあり、ＡＩ実用化時代にビジネスパーソンはどんな役割を担うべきなのでしょうか。

ここからは需要予測ＡＩを具体例に、①精度の高い予測ＡＩをつくるポイント、②実務における予測ＡＩ活用の留意点、③予測ＡＩで新たな価値を創り出す事例の順で述べていきます。

予測ＡＩが価値を生む領域

需要予測ＡＩでターゲットにすべきは新商品です。

過去データのある、いわゆる既存商品の需要は、統計学を用いた時系列モデルで十分に対応できるというのが私の感覚です。これは予測精度というファクトに基づいています。

もちろん、過去になかったような大型のマーティングプロモーションやＳＮＳにおけるＢＵＺＺ拡散、パンデミックのような劇的な環境変化は予測できませんし、以降の需要予測は時系列モデルだけではむずかしいのも事実です。しかし多くの商材の短期の需要予測では、統計的な予測モデルのマネジメントさえしっかりできれば、十分な精度を期待することができます。ＡＩもこうした急な、過去にはなかった環境変化や施策には対応がむずかしく、時系列モデルに圧勝できる可能性は高くないと考えています。

一方で、**過去データのない新商品の需要予測は、様々な業界において因果モデルで対応しています。**どんな要素が需要に影響するかを整理し、その要素が類似するベンチマーク商品の実績を参考にする考え方が、高精度である傾向が見られます。[61]

ただしこの需要の因果関係を整理するには、そのビジネス領域の深い知識が必須になりますし、最低でも重回帰分析については理解しているレベルの統計学の知識も必要です。そのせいか、多くの業界で自社専用の因果モデルを整備できている企業は、まだ多くないというのが私の印象です。

この他にも第1章で紹介した通り、判断的予測モデルもあります。これもデルファイ法やAHPを応用するモデル[62]、予測市場[63]などは考え方がしっかりしているので、商材によっては因果モデルを上回る精度を期待することができますが、コストやスキルの観点から、こうした予測モデルを運用できている企業は非常に少ないです。判断的モデルで広く使われているのは、トップダウンの数字目標か、営業担当者からの報告値を積み上げるロジックで、属人性や精度の低さが問題になることが多いものです。

こうした各企業の実態を踏まえると、新商品、特に発売前時点の需要予測はまだ十分に改善の余地があると言えます。[64]

ＡＩでも学習データの選択、創造には背景となる因果関係を踏まえる必要はあります。

図2-3 各種予測モデルの強み比較

モデル	強み	留意点
時系列モデル	✓多くのパッケージに実装されている ✓環境が変わらないと高精度	✓初期値やパラメータ管理にスキルが必要
因果モデル	✓根拠を可視化しやすい ✓シナリオ別シミュレーション可能	✓因果関係が複雑な場合、多重共線性や見せかけの相関に要注意
判断モデル	✓少ない情報でも迅速に反映可能	✓予測者の経験や知識、スキルに精度が依存する
AI（機械学習モデル）	✓大量のデータ処理が可能 ✓複雑な因果関係に対応しやすい	✓学習データのバイアスに注意 ✓学習のフィードバック、ループの設計をしないと精度が下がっていく

モデル	適する商品
時系列モデル	✓ 発売後2年以上が経過 ✓ 大きなプロモーションの対象にはならない ✓ 大きな環境変化が起きにくいカテゴリー ✓ リニューアルの新商品
因果モデル	✓ 少数の重要な原因要素に需要が影響される ✓ 過去から因果関係が大きく変化していない ✓ 同じ因果関係のデータがたくさんある ✓ 複数のシナリオが想定できる
判断モデル	✓ 新しい市場に進出する ✓ 市場でも新しい価値を備えている ✓ 新しいプロモーションを実施する ✓ 予測に必要な情報が十分に集まらない
AI（機械学習モデル）	✓ 因果関係が複雑 ✓ 扱いきれない大量のデータがある ✓ あらゆる因果関係がデータで表現されている

ただし、データをある程度の量、用意できるのであれば、統計的なモデルほどきれいに因果関係を整理しなくてもよい場合[65]があります。

ＡＩ予測は根拠がわかりにくいというデメリットが指摘されてきましたが、新しいアルゴリズムが開発される中で、徐々にその透明性も高まってきています。[66]ここから、まだ人が気づいていない需要法則を発見できる可能性があると思っています。

以上から、私は需要予測にＡＩを導入するのであれば、まずは新商品、特に発売前時点だと考えているわけです。ただし、これは既存の予測モデルを置き換えることは意味しません。おすすめは併用です。

予測根拠の説明力に関しては、統計的なモデルに軍配が上がります。また、多くの要素が類似するベンチマーク商品、例えばリニューアル発売で前の商品の実績がある場合などは、時系列モデルや因果モデルで高い精度を目指すことも可能です。

先進的な需要予測を行っているグローバル企業では、三角測量的な考え方(Triangulation)が使われています。[67]これは**複数の予測モデルで各予測値の妥当性を評価しつつ、SCMや在庫計画でどうリスクをヘッジするかを考える**というものです。この一つにＡＩが有効活用できると考えています。

商品発注の自動化に成功した食品スーパー

私は２０１７年から需要予測ＡＩの開発に関わってきましたが、開発当初は社内外の大量のデータを学習させればＡＩの予測精度が向上すると考えていました。

しかし、これではうまくいきません。**一企業における新商品関連のデータは多くても数百サンプルで、ＡＩの学習データとしては十分ではないからです。**実験室ではなく現実のビジネスではこのようなデータ量の制約は多くの場合で出てきますが、ここで重要になるのが「**学習データのマネジメント**」でした。

ＡＩの予測結果を商品別に評価すると、精度が高いものと低いものが出てきます。ここから需要の因果関係において不足している情報を考えました。これには社内に散在するデータを集めるだけでなく、必要なら新たにデータをセンシングしたり、創造したりすることも有効です。

例えば色に関する情報が不足しているのであれば、研究所に探しに行きました。訪日外国人からの人気を表現するために、過去に人気のあった商品の特徴を分析し、指数を設計したこともうまく働きました。社内のＢＩには需要予測目線でのデータはありません。需要の因果関係を表現するデータを、その領域のビジネスプロフェッショナルが創ることが必要だったのです。これを私は「**仮説ドリブンのデータマネジメント**」と呼んでいます。

こうした学習データのマネジメントの結果、2020年には従来の手法の予測精度を超えるAIを数種類、開発することに成功しました。[68] これは「ロジスティクス大賞2021」で「AIデマンドマネジメント賞」[69]をいただき、日本の中では一つの先進的な成功事例として認識されています。[70]

このAIの学習データづくりは、他業界でも同様に重要になるようです。食品スーパーを全国に展開するライフコーポレーションは店舗における発注を需要予測AIで自動化しています。[71] 発注単位のケースとバラによる商品コードの違いを需要予測目線で統合したり、朝と夕方といった時間帯別の需要特性を考慮したり、小売現場のプロフェッショナルでないと思いつかない知見を駆使したそうです。

こうしたデータづくりに1年半近くかけたことも私の事例と類似しています。また、このAIでも従来の属人的な発注担当者による予測精度と同程度であることは、すでに述べた通り、既存商品の需要予測はそのレベルまで到達している企業も多いということでしょう。

ビジネスの課題に合ったデータを蓄積する

先述の通り、データ分析のスピードや正確性では、人はAIに敵いません。しかし、有効な学習データの収集や創造は、柔軟な発想力を持つ人だからこそできること[72]で、ここにＡＩとビジネスパーソンの協働ポイントがあると考えています。人の強みの一つは、曖昧であったり不完全であったりしても、その情報を予測に考慮できることです。

ただし、この考慮にはバイアスやノイズが含まれ、予測精度を落とす要因になることはすでに紹介しました。需要予測に考慮すべき要素は人が想定する一方で、その度合いはＡＩに任せるのがよいでしょう。

AIをつくるビジネスパーソンに必要なのは、〝どんなビジネス課題を、AIで解決するために、何のデータを蓄積するべきか〟を考える力です。需要予測で言えば、

・どんな要因が需要に影響していそうで
・それは具体的にどのデータで測ることができるか

になります。

これは一般に**仮説構築**と呼ばれます。仮説をつくるためには、まず概念間の関係性（命題）を想像します[73]。何と何の間にどんな関係があるかを考えるということです。

この「何」をデータで表現し、「関係性」を式で表せると仮説になります。また、データは更新し続ける必要があり、かつ必要なデータも変わっていく可能性が高いため、データマネジメントにきちんとリソースを投入しなければ、精度の高いＡＩを開発することは

図2−4 AIとビジネスプロフェショナルの協働

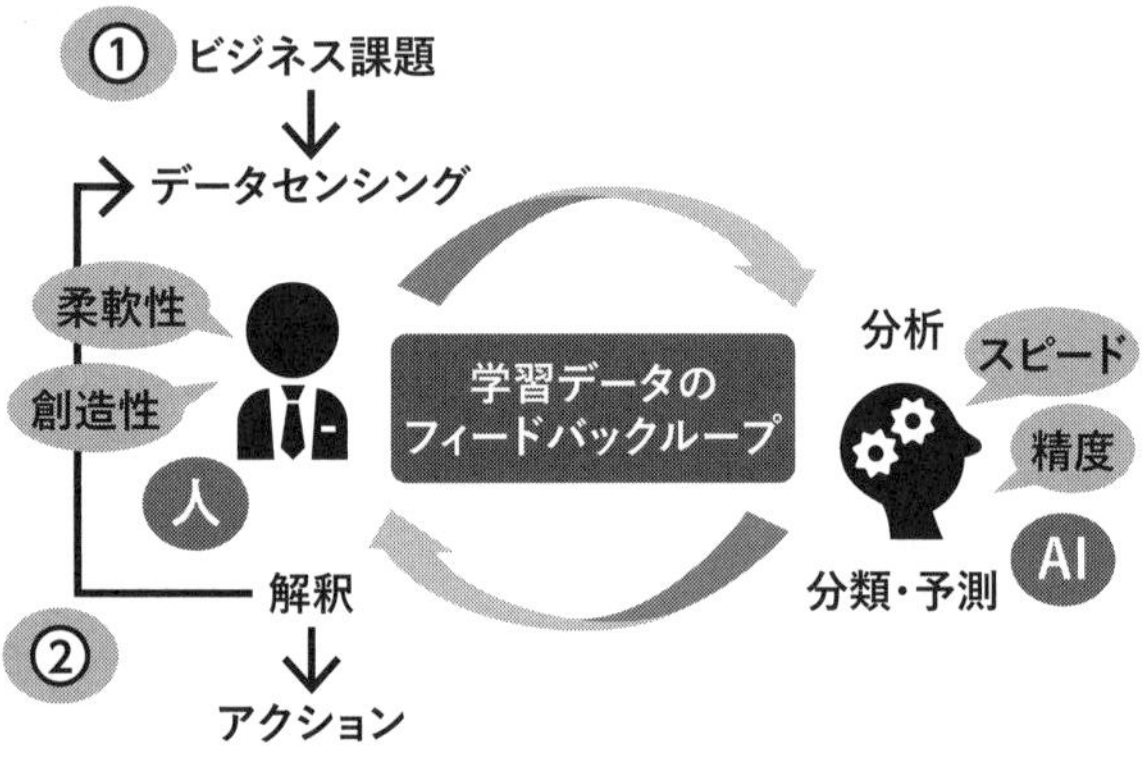

むずかしいのです。

　競合も含めた市場における商品の配置や、消費者の心理、行動は時代と共に変わっていきます。ＡＩにこれを学ばせ続けるフィードバックループを回さないと、予測精度は悪化の一途をたどってしまいます。この学習データのフィードバックループがＡＩ活用の競争力を生み出すことが指摘されていて[74]、関わる人の負荷が少ないルーティンを設計することが有効になります。

　これらを踏まえると、ビジネスパーソンは

1. **生み出せるビジネス価値を鑑み、ＡＩで解決すべき課題領域を決定する**（図２－４①）
2. **ＡＩの学習データを、需要の因果関係から想定し、データで表現する**（図２－４②）

という2つが、まずは開発段階で担うべき役割になります。

プロの暗黙知からAI学習データを創る

統計学を使わない需要予測は、勘・経験・度胸（KKD）で行われると揶揄《やゆ》されてきたのですが、AIが需要予測の実務に活用される中で、再び見直され始めていると感じます。

現時点でデータ化されている商品マスターや売上実績、在庫情報、多少の外部環境要因（天候や人口動態など）だけで予測できる商材は別ですが、**宣伝や売場の魅力、販売員の商品説明など、定量化することがむずかしいマーケティング要素が需要に大きく影響する商材（サービス）では、精度の高い予測AIの開発はむずかしいです。**

例えば高額な化粧品やアパレルの需要には、店舗の販売員による商品紹介が大きく影響することがわかっているのですが、それを定量評価し、体系的に十分な量を蓄積できている企業は稀でしょう。この商品紹介にはどんな要素が影響するのか、その領域のプロフェッショナルは経験から知っているはずです。これをデータで表現し、少ない負荷で蓄積し続けるしくみを設計することが重要になります。

この時、**過去の需要予測プロフェッショナルたちが使っていた、経験に基づく勘の正体**

を探ることが重要になります。

この勘は当てずっぽうではなく、経験に基づく暗黙知をベースにしているはずで、だからこそ、それなりによい精度で実務を担ってこられたのです。

問題は予測ロジックではありません。その思考プロセスを可視化してこなかったことです。

ビジネスにおける需要予測では、一人のエースプランナーを育成または採用できればよいというわけではありません。組織としてのその予測スキルを広く展開、維持できる能力を磨くことが重要になります。これは組織学習[75]です。

つまり、長く続くプロセスやしくみを設計し、需要予測を重視する組織文化を創っていく必要があるのです。

ここで参考にできるのが、野中郁次郎一橋大学名誉教授が提唱している**知識創造理論**[76]です。暗黙知は知的なコンバット、私の解釈ではそのビジネス領域のプロフェッショナル同士が本気で仮説をぶつけ合うプロセスで形式知化できるというものです。

自社で扱う商材の需要の背景である、市場や消費者、競合などに精通したビジネスパーソンが、実績の数字と関連する様々なデータを共有しながら、その解釈を話し合うイメージです。

実際、私は需要予測を始めて4年目の2014年にこのプロセスをしくみ化し、今ではすっかり定着しています。こうして積み上げられた知見を基に、AIの学習データを収集、創造してきました。さらにAIの学習のフィードバックループを回す中でも、同様のコンバットを継続しています。これが**需要予測のナレッジマネジメント**です。

実はAIなどの先進的な技術を使った新しい価値創造であるデジタルトランスフォーメーション（DX）の文脈で、この知識創造理論を持ち出しているのは私だけではありません。

SOLE[77]日本支部が物流専門誌に寄稿した記事[78]でも、製造業の物流現場におけるDXにおいてビジネスプロフェッショナルの暗黙知活用の重要性が指摘されています。ここからも様々なビジネス領域において、AIで価値を生み出すためには、その道のプロフェッショナルの暗黙知が有効になることがわかります。

2―3. 予測AIを活用する際の注意点

ケース❻

「ある消費財メーカーが、過去に発売された新商品の需要を精度高く表現できるAIを構築することに成功した。今年期待の新商品の需要予測をこのAIで行い、マーケターや営業に提示したが、イマイチ反応がよくない。なぜだろうか？」

解説はP93、P94傍線箇所

キーワード▼ 根拠の曖昧さ、オーバーフィッティング、リバースフォーキャスティング

AIがマーケティングを否定する⁉

前項で需要予測AIの可能性をご紹介しましたが、注意も必要です。仮説ドリブンのデータマネジメントにリソースを投入して精度の高い需要予測AIを構築できても、すぐにビジネスで使えるとは限りません。

学習データのマネジメントの次には、AI予測の活用フェーズでもう一つ、ハードルが

あります。それは**ＡＩ予測の信頼性の担保**です。ＡＩが精度の高い予測をしたとしても、ステークホルダーがそれを信じられないとビジネスは動きません。ＡＩの欠点の一つは、予測の根拠がブラックボックスになりがちなことです。

例えば需要予測を基に輸配送のためのトラックを手配するとします。この予測をＡＩが出したとして、それがはずれたとしましょう。トラックが不足し、ドライバーは深夜まで残業をすることになり、届け先にも謝罪する必要が出てしまいました。この時、需要予測を担う人や企業は「ＡＩが出したので」と説明するわけにはいかないはずです。また、根拠が曖昧な場合、これを改善する案も思いつかないのです。

さらに需要予測においては、特に新商品の需要は意思を込めて高めに予測されることが多いため、ＡＩ予測の精度が高くなるほど、人よりも低めの予測を提示する確率が高くなります。

新商品は基本的にマーケティングプロモーションが行われるため、これはＡＩがマーケティングを否定するとも言えるはずです。マーケターはこれをすんなりと受け入れられるでしょうか。過去の予測精度が高くても、自分が考えたマーケティングの効果を否定されると、その予測結果を信じにくいと思います。

少しＡＩや機械学習に詳しい人であれば、オーバーフィッティングの問題を指摘する可能性もあります。「**過学習**」とも呼ばれますが、ＡＩは過去のデータに合わせたモデルとなるため、それにフィットし過ぎると他の条件下では精度が悪化するという現象です。

例えば過去に発売された新商品の需要とテレビＣＭの投入量に相関があったものの、実際はそれに合わせた小売店でのキャンペーンが需要に影響していたとします。ＡＩはこうした背景は考慮できないため、未来においてテレビＣＭは投入しなくても小売店で過去にない規模でキャンペーンを実施した場合の予測値は低くなることがあります。

つまり、**過去の需要と影響要素の関係が実際以上に強固なものだと学習してしまうと、それが未来における予測精度を悪化させてしまう可能性があるのです。**

冒頭のケースでも提示したこれらのハードルを越えるためには、ＡＩの学習データの妥当性が重要になるはずです。学習データに納得性があり、かつ人が考慮することがむずかしいものであれば、ＡＩ予測の結果に対する信頼性は高まるでしょう。人が、〝こんなデータは今まで考慮できてこなかったけれど、たしかにこれは需要に影響しているかもしれない〟と感じるようなデータが数百種（少なくとも数十種）ほど学習されていれば、ＡＩ予測を信じる気持ちになりやすいと思います。

ただ、ＡＩを全面的に信頼してその出力結果をそのまま信じる、というオペレーションにはならないと考えています。棋士の羽生善治さんも著書[79]の中で述べていますが、しばらくはセカンドオピニオンとして活用されることになるでしょう。従来からのやり方があり、そこに別角度からＡＩの出力結果をぶつけることで、議論の幅を広げるという活用方法が有効になります。

ＡＩには真似できない「ビジネススキル」とは

ＡＩ活用を前提としたデータマネジメントにリソースを割き、ビジネスプロフェッショナルの仮説を使って信頼性の高い学習データを用意できると、予測ＡＩの精度が従来のロジックを超える可能性が高くなります。すると、需要予測のスキルは不要になるのでしょうか。

マイケル・オズボーン博士は、10～20年以内に47％の職業が機械によって代替される可能性があると述べていますが[80]、私は、**需要予測のスキルは変わらず価値があると考えています。**

なぜなら、

- **需要予測で新たなビジネス価値を創造できそうなカテゴリー、商品は何で**
- **どの程度の精度向上を目指すのか**

といったゴールの設定に加え、

図2-5 リバース・フォーキャスティング

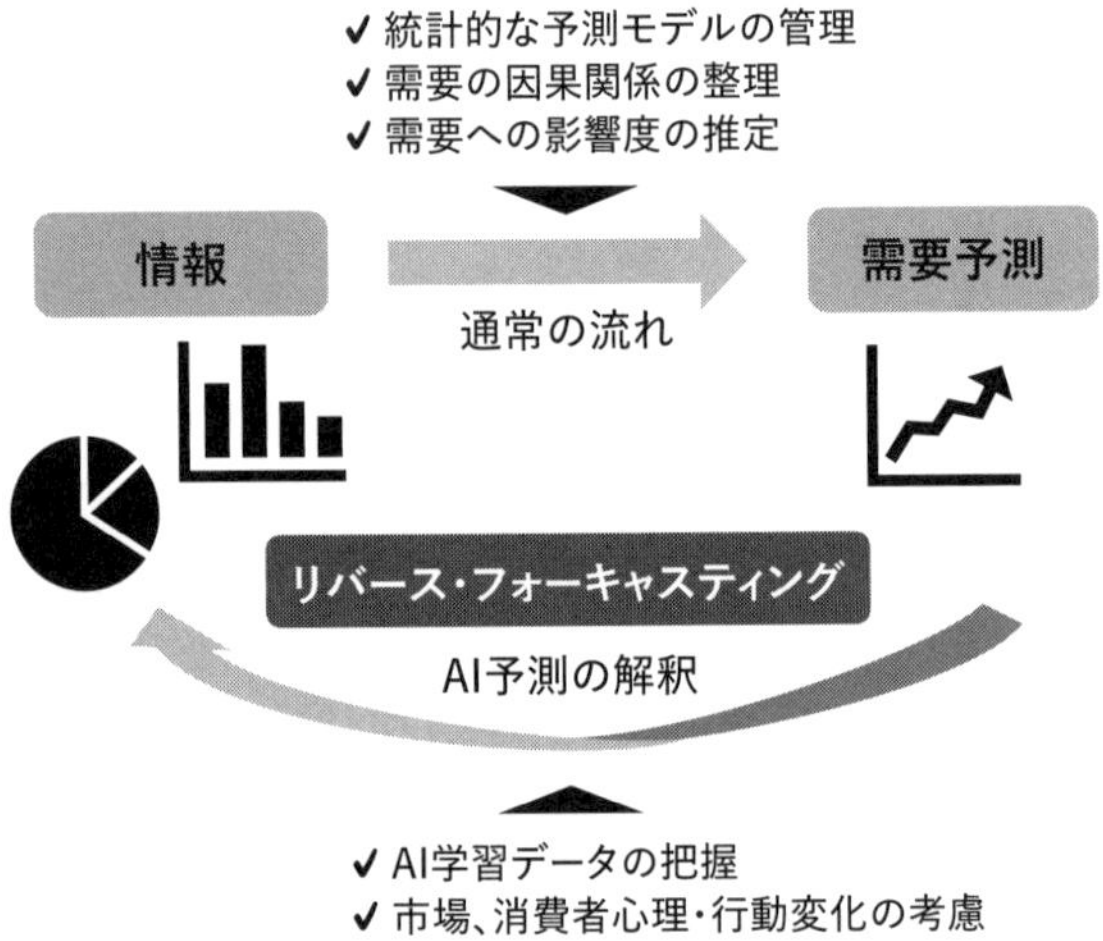

・ＡＩ予測の結果の信頼性を評価し
・それを踏まえた売上や利益拡大のためのアクション

を実行する役割は人に残るからです。

つまりこれからの需要予測スキルとは、統計学の知識を持ち、時系列モデルの管理をしたり因果モデルを構築したりする能力ではなく、需要の背景となる因果関係をデータで表現して仮説を構築し、ＡＩ予測の結果を解釈、説明するスキルになります。

ビジネスで競争力を生むスキルが変化しているのです。

ＡＩの予測結果をステークホルダーにわかりやすく説明するには、需要の因果関係とAIの学習データの関係性を理解していなければできません。ビジネスで価値を生むためのアクション検討をファシリテートするには、AIの活用でどんな価値創出を目指すのが有効なのかを察知できるセンスが重要です。今までよりも広い視野で需要予測を捉え、それを戦略的に活用するという意識が必要になるのです。

これを実現する具体的なアクションとして私が提唱しているのが、**リバース・フォーキャスティング（Reverse forecasting）**というものです（**図2－5**）。

通常、需要予測は根拠となるデータや情報を基に行います。一方、AI予測の解釈を踏まえたアクション検討のリードは、予測値から根拠、つまりはAIが考慮できている情報とそうでないものを整理するという、逆の流れになります。

リバース・フォーキャスティングによってAIの予測値を評価できるため、とるべきアクションを明確にすることができるのです。

予測からビジネスリスクを評価

リバース・フォーキャスティングによってAI予測を解釈できるようになると、ビジネスリスクを想定できるようになります。

例えば、ある新商品の需要予測において、営業担当者による販売計画の積み上げよりも

AI予測の方が高かったとしましょう。

　このAIの学習データには、直近の市場トレンドや商品が顧客へ提供できる価値、マーケティングプロモーションなどに関するものが含まれています。営業担当者の販売計画の方が低いということは、販売の現場では他の商品により大きな期待をかけているのかもしれません。ただ、顧客のニーズが大きければ、この新商品はもっと売れる可能性があると考えることができます。

　ここから、需要予測としては、営業担当者の販売計画の積み上げに、それを目標として合意した一方、需要が上に変動する可能性も考慮して、**AI予測との差を在庫で用意しておくといったリスクヘッジ案を考える**ことができます。

　これにより、販売計画よりも需要が大きくても、品切れを発生させずに機会損失を防げる可能性が高くなります。ここで用意する在庫は、最終製品ではなく原材料の方がよいでしょう。余ったとしても評価額が小さいため、経営への影響も抑えることができるからです。

　もちろんこの時、需要が上に変動した際の生産のリードタイムに気をつけなければなりません。原材料を用意しておいても、すぐに増産できなければ品切れが発生してしまうからです。

逆の場合にもリスクヘッジができます。ＡＩ予測の方が、他のロジックに基づくコンセンサス予測よりも低かった場合、目指す目標が高過ぎる可能性があると考えられます。

これは過剰在庫が発生するリスクがあるということです。この場合は例えば、在庫計画を通常よりも少なくするといった工夫で、ビジネスリスクをヘッジすることができます。ステークホルダーで合意する計画自体を上げたり下げたりするわけではないので、予測ＡＩを導入することへの抵抗も抑えることができます。

このように、**ＡＩ予測を一つのシナリオとして捉えることで、需要変動も想定したレンジ・フォーキャストを立案することができます。**

くり返しになりますが、そのためにはＡＩ予測の信頼性を評価できるスキルが必要になり、その前提として需要の因果関係と学習データの理解も必要になります。この観点から、需要予測ＡＩのビジネス活用では、開発から活用まで、同じ人が関わる方が望ましいと言えます。

「ＡＩが創出した時間」でビジネスパーソンが目指すこと

以上のように、予測ＡＩでビジネス価値を生み出すためには、

1．仮説ドリブンのデータマネジメント（Ｐ85）

2．リバース・フォーキャスティングによる予測結果の解釈（P97）
3．AI予測も踏まえたビジネスリスクのヘッジアクションの提案（P98）

という新たな需要予測スキルと、そこにリソースを割ける組織設計が重要になります。
また、この1と2はくり返すものであり、リバース・フォーキャスティングによる評価を基に、新たな仮説を構築します。このループを回し続けるしくみを組織に埋め込むことを目指すのがよいでしょう。

AI実用化時代においても、入口と出口（ゴール設定とアクション決定および実行）は人の仕事として残ると言われてきましたが、ここで述べた通り、**ビジネスパーソンの役割が変わります。**この変化は次の3つの特性をより強める方向になります。

1．マネジメント
2．クリエイティビティ
3．ホスピタリティ

これらは現段階のAIではむずかしいと言われていて、人の方が得意だと考えられています。マネジメントは課題設定や意思決定、ホスピタリティは看護師や介護士の仕事を想像していただければよいと思います。

ここで少し、クリエイティビティについて掘り下げてみたいと思います。

ＡＩのビジネス活用の目的は、もちろんそれ自体ではなく、ＡＩの活用によって得られる高度な分析を踏まえた意思決定や、生産性の向上による時間の創出です。高度な情報や時間を得ることができる結果、人はより頭を使って考える仕事、言い換えればよりクリエイティブな仕事ができるようになるはずです。

ここで言うクリエイティブとは、テレビＣＭや商品の外装デザインなど、狭義の意味ではありません。需要予測について言えば、新しい予測手法の開発もクリエイティブな仕事ですし、需要予測を基にした在庫戦略や経営管理領域のコストコントロール、マーケティングや営業サイドへの提言なども該当します。

ＡＩが提示する高度な情報をビジネスの文脈で解釈し、価値のある提案を行うには時間が必要です。オペレーションを担う部門は日々の仕事に追われる傾向がありますが、データから考える時間を確保すれば、クリエイティブな提案をすることもできる非常に重要な機能なのです。

なぜなら一企業の中にとどまらないサプライチェーンに関するデータには、消費者の購買行動から自社のオペレーション能力、協力企業のオペレーション精度など、特にメーカーや小売業、サービス業などにおいて重要となる情報が含まれているからです。

これらの大量のデータから意味のある解釈を引き出すためにＡＩのサポートは有効でしょうし、それができればビジネスパーソンは今よりももっと、経営において価値のある提案ができるようになります。

これが不確実性の高まるビジネス環境で、企業の競争力に直結するようになるはずです。さらにＡＩの力を発揮させるには、自社だけでなく、企業の垣根を越えたコラボレーションでより深く、消費者の購買心理、行動を読み解いていくのが有効になり、そうしたとりくみはすでに一部の企業で始まっています。

2—4. 予測AIで未来を創る

ケース❼

「あるコンビニチェーンの店長は、日々の発注を任せていたベテランのパートが辞めてしまってから、品切れと廃棄が増えて困っている。明後日は近くの小学校で運動会があったはずだ。天気予報はどうだろうか。そういえば、今日の配送がまだ来ない……」

解説はP105傍線箇所

キーワード ▶ 物流クライシス、エッジ・フォーキャスティング、日本型CPFR

物流危機を乗り越える秘策

2021年11月に、NEC主催のウェビナー[81]に招待いただき、食品業界の未来の需要予測について現役の実務家とディスカッションしてきました。その中で改めて**CPFR**[82]について考えました。CPFRとは、メーカーが小売業と協同し、需要予測や販売計画を立案して、店舗の在庫補充や工場での生産、調達の効率性を高めるという概念です。

この言葉は10年以上前から耳にしていたものの、実務の中ではほぼ聞くことがなく、その必要性もあまり感じないものでした。本項では物流危機が深刻化する一方、AIといった高度な分析ツールがビジネスに導入される中で、CPFRのアレンジが新たな価値を生み出せる可能性について述べたいと思います。

私が10年以上SCMに関わる中では、CPFRの目立ったとりくみはほとんど聞きませんでした。私が所属する化粧品業界だけでなく、大学院やビジネス講座で議論した様々な業界においてです。しかしCPFRがアメリカで定義されている[83]ことから、アメリカでは有効な概念だったと考えています。そこでまずはアメリカと日本の市場構造の違いについて考えてみましょう。

アメリカではウォルマートやメイシーズといった少数の小売企業が市場を支配してきました。近年ではアマゾンの台頭によって苦戦を強いられているようですが、過去はそうした特定の小売企業が持つ消費者の購買データ（POSデータ）に大きな価値があったと言えるでしょう。

POSデータを需要予測に活用すると精度が高くなることが示されていて、[84]例えばウォルマートのPOSデータを入手できれば、メーカーは需要予測の精度を高めることができたはずです。

私の分析からは、新商品や季節性の大きな商品が多い業界では、ＰＯＳデータの活用で7〜10%程度、予測精度を向上させることができると言えます。つまり、市場において支配的な小売企業がある場合は、その企業が持つＰＯＳデータを入手することで需要予測の精度を高め、小売店への在庫補充や工場における生産の効率性を高めることができたはずです。ＣＰＦＲではＰＯＳデータの共有が行われることから、アメリカ市場では競争力を生んだのだと考えられます。

しかし**日本では市場構造が異なります。地域によって著名なドラッグストアやスーパーマーケットが異なることからわかるように、小売企業は群雄割拠《ぐんゆうかっきょ》と言えます。**

こうした市場でメーカーがＰＯＳデータを入手するとなると、様々な企業と契約しなければなりません。少数のＰＯＳデータを使った需要予測も可能ですが、拡大推計時に誤差が発生するため、カバー率が低いほど予測精度も低くなる傾向があります。こうした市場構造の中では、ＣＰＦＲは相対的にコストが高くなり、日本ではあまり広まってこなかったのではないでしょうか。

もちろん、様々なメーカーは主に営業部門を通じて小売企業とコミュニケーションし、需要予測に店舗からの情報を活用してきたとは思います。しかしそれを企業対企業といった大きな枠組みで、大規模にＳＣＭと連動させるといった動きは一部の業界に限られていたと感じます。

配車計画の精度を高め、輸配送のムダを削減する

そんな日本の市場環境でも近年、新たな変化が起こっています。それは「**物流クライシス**」です。

労働人口の減少や待遇面での問題により、配達ドライバーが不足する一方で、消費者のライフスタイルの変化やＥＣの拡大によって小口配送が増加しています。また、単身世帯の増加といった社会構造の変化もあり、再配達の問題も深刻になりました。これは最後に消費者にモノが届くところであり、ラストワンマイル問題などと呼ばれています。これらの結果、物流の継続性が危ぶまれています。

こうした環境下では物流の効率化を進めることが有効です。具体的には、配車計画の精度を高め、輸配送のムダを削減することです。ここで重要になるのが需要予測です。

ただしこれまでのような、全国計など大きな粒度での予測ではありません。多くのメーカーで採用されている統計的な予測ロジックは、第１章の１−２で説明した通り、エリアの粒度や時間の単位が大きいほど精度が高い傾向があります。需要には様々な原因要素がありますが、大きな粒度ではその中で多くが打ち消し合い、影響の大きなものだけを考慮

すれば良くなるからでした。

つまり、今までの予測ロジックのままでは、より小さな粒度での需要予測は、精度の観点でむずかしくなる可能性が高いと言えます。小さなセグメントでの需要予測では、より多くの要素について検討する必要があるからです。

こうした要素間にも因果関係がある可能性が高くなり、需要予測がむずかしくなっていきます。需要の因果関係を確からしく想定できないと、精度の高い予測はできません。

より小さく、速い予測へ

複雑な因果関係において法則性を見出すのは、ＡＩが得意とするところです。

また、需要予測の対象とするエリアが小さくなり、フォーキャスト・バケットも月から日などへと小さくなると、扱うデータ量が増えていきます。こうした大量データの処理もＡＩの得意領域です。

様々なビジネス領域でＡＩの活用がはじまっていますが、需要予測においては単に過去のロジックを置き換えるのではなく、より〝小さく〟、〝迅速な〟需要予測のために導入するのが一つの方向性だと考えています。私はこれを**エッジ・フォーキャスティング**[85]と呼んでいます。

図2-6 AI需要予測で求める価値の方向性

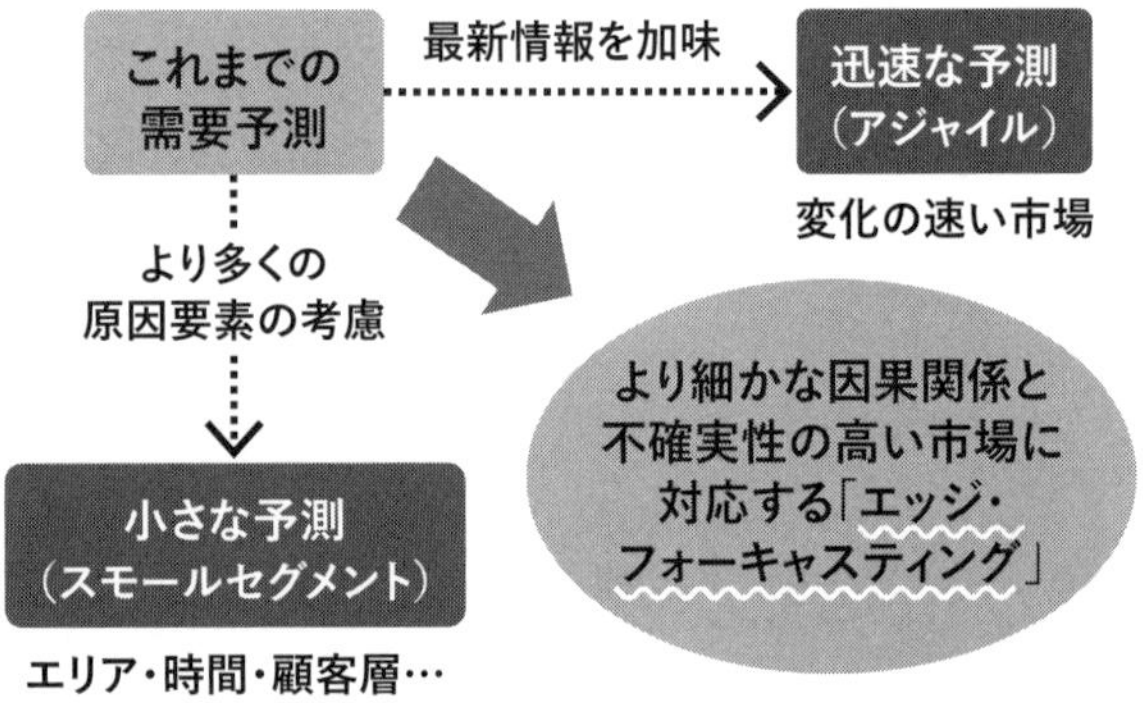

エッジ・コンピューティング同様に、狭いセグメントで迅速さを重視する需要予測という意味です。

エッジにおけるオペレーションの高度化が注目されているのは需要予測だけではありません。ＥＣ需要が拡大する小売業界において、**販売だけでなく、物流もローカルに特化した対応が競争力を生む**[86]**と言われ始めています。規模を大きくして効率性を追求する戦略が必ずしも正解ではなくなり、セグメントに分割してアジリティを追求する戦略が、領域によっては競争優位になっている**のです。

これを進めるために重要になるのが、本章で述べてきた新しい需要予測のスキルです。

より細かな需要の因果関係について想像し、それをデータで表現する力です。それは社内の

BIツールだけでなく、これまで需要予測では使っていなかった、他部門のデータベースにあるかもしれません。

これは需要予測視点でないと新たな価値を見出せないものです。加えて、市場の変化を迅速に需要予測に反映していくためには、市場の日々の動きに関するデータを入手し、モニタリングする必要があります。

これにもＩＴの支援が有効ですが、必要なデータの選択やアラートの設計は、市場や顧客について詳しいプロフェッショナルでないとむずかしいでしょう。こうしたＡＩの学習データは、予測精度の分析から新たに創造する必要がありますし、市場変化に合わせて新しくセンシングすることも必要だというのは、すでに述べた通りです。

私は需要予測の専門家であるデマンドプランナーの中途採用にも関わりましたが、こうした新しい予測スキルを備えた人材を転職市場で見つけたことはなく、**自社のビジネスに詳しい人材を育成するのが最短の道**だと感じています。特に日本では需要予測に必要なスキルを定義していない企業が多く、転職市場にもその道のプロフェッショナルはなかなか出てこないのです。

食品業界におけるCPFRの未来像――メーカー同士がデータを共有し「コラボ」

ここまで述べてきたように、物流クライシスという環境変化はある一方で、私たちはデータインフラやAIツールの進化によって、今までよりも高度な分析を迅速にできるようになってきました。そこで改めて考えるべきなのが、日本発のCPFRモデルだと考えています。

冒頭で紹介した通り、CPFRとはメーカーと小売業の協働ですが、これから小売企業においてもAIの導入が進み、より詳細な消費者の購買心理、行動に関するデータがセンシングできるようになるでしょう。

購買後のPOSデータだけでなく、すでに一部の業界では消費者の属性にひもづいた**ID-POS**の分析がはじまっています。[87] ID-POSを使う顧客にフォーカスした需要予測AIについては第4章で紹介します。

さらにこれからは、**消費者の体調や気分に関する情報なども、リアルタイムで購買行動にひもづけられるようになる**と予想しています。どんな消費者がどんな気分の時に、どんな商品を購入しているかをリアルタイムに近く把握できるようになるということです。

こうしたデータをメーカーと小売企業で共有できるのであれば、協働で店舗におけるプロモーションを考えることができます。これは立命館大学の永島正康教授が整理しているところによると、単なるデータ連携よりも上位のＣＰＦＲ[88]です。

食品業界においては、一つのメーカーがあらゆるカテゴリーを扱っているという状態ではない一方、消費者は一度の買い物で様々なカテゴリーのものを購入します。よって、**異なるカテゴリーを扱うメーカーがデータを共有し、例えば商品開発などで協働することで、新しい食文化を発信できるかもしれません。**これは競争力を生み出すことが想像できます。

ＣＰＦＲもここまでくると、協働プロモーションを上回る最上位のレベルになります。つまり、例えば食品のような、一部のカテゴリーを扱う場合が多い業界においては、小売企業だけでなく、他のカテゴリーを扱うメーカーとも協働する、新しいＣＰＦＲのモデルが有効になる可能性があります。飲料を扱うメーカーが、自社商品の購買データだけを分析するのではなく、食品メーカーと協働でデータ分析を行うということです。

スポーツ飲料と一緒によく買われる食品は何で、そういう買い方をする顧客はどのあたりに住み、何時頃に来店しているのか。また、その時の身体の水分量はどれくらいで、気分はどうで、どんな表情をしているか、といった多様なセンシングデータを、メーカー横断で解釈することで、より深いマーケティング分析が可能になるはずです。

群雄割拠の日本市場では、一部小売企業の購買後のＰＯＳデータを入手し、ＳＣＭに連

図2-7 食品業界の未来のCPFR像

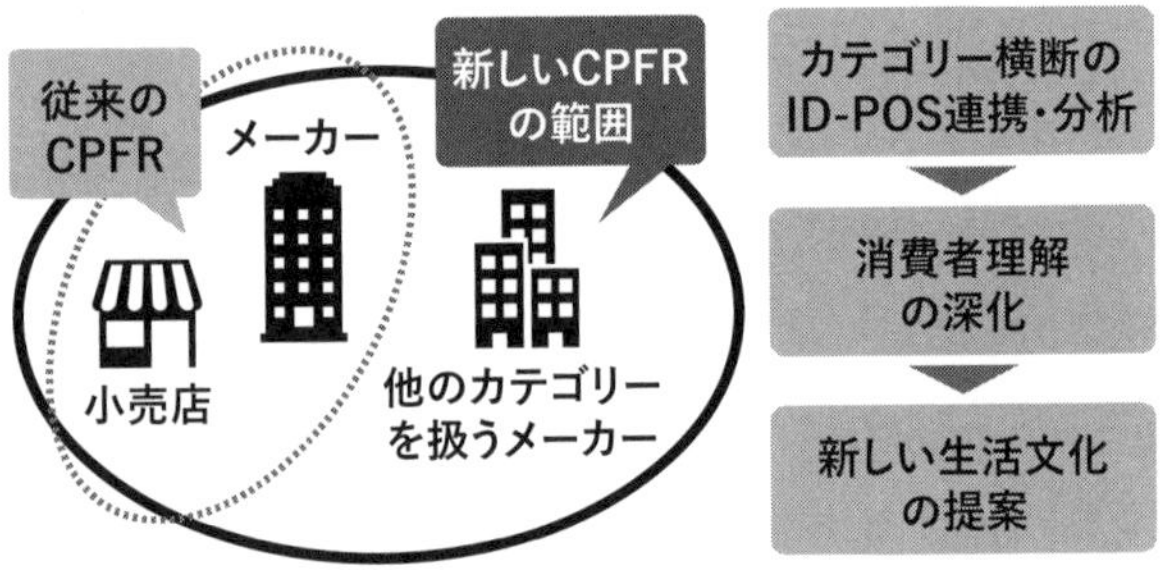

携しても、大きな価値を生み出しにくかったと言えます。しかし、より小さなエリアで物流クライシスへ対応する必要が出てくる中、AIを使ってより小さく、迅速な需要予測の精度を高められるのであれば、CPFRが大きなビジネス価値を生み出せると考えています。

この**日本発の未来型CPFRモデルによって、多くのメーカーが協働することで、より豊かな社会の創造を主導できるかもしれません**（図2－7）。

こうした協働に乗り遅れないためには、今から自社でAIによるビジネス価値の創出を意識した、新しい需要予測のスキルを定義し、育成をはじめることが有効なはずです。

第2章のポイント

▼予測は意思決定や判断、推論と同様に認知過程の一つであり、認知科学や行動経済学の知見で進化させることができる

▼人には経験や環境による思考の偏り(認知バイアス)があり、予測をミスリードするが、AIも学習データ次第では偏った予測、分類をし始める

▼AI予測の精度を高めるためには、そのビジネス領域のプロフェッショナルの暗黙知を可視化し、データで表現する必要がある

▼ビジネスパーソンがAIのアウトプットを解釈し、それをどうビジネスに活かすかを提案することが価値を創り出す

▼物流という顧客接点が価値を生み出し始めている一方で、その継続性が危ぶまれる中、需要予測はより小さいセグメントに対応し、かつ迅速さが求められるようになる

第3章

世界の知見が需要予測のイノベーションを起こす

――組織間の協働力を高めよ

3―1．営業と製造のコンフリクトを乗り越える

ケース❽

「となりの営業部はいつも強気な数字を提示しているためか、在庫を十分に確保できているようだ。次の新商品は自分の営業部にとっても極めて重要なものであり、我々も在庫を十分に確保しておきたい。営業担当者たちが安心して商談に臨めるよう、今回は自分たちも強気の販売計画を生産部門へ提出すべきだろうか？」

解説はP121傍線箇所

キーワード▶情報の非対称性、エージェンシー問題、モラルハザード

知をかけ合わせてアイデアを生む

本書は不確実性が増すビジネス環境の中で、様々な職種、階層のビジネスパーソンが需要予測のスキルを理解し、身につけることで、新しいビジネス価値を生み出していくことを狙いに執筆しています。そこで、そもそも需要予測にはどんな価値があり、ＡＩのよう

な先進的な技術で予測を進化させるにはどう考えればよいかを示してきました。

本章では新しいアイデアでビジネス価値を創出するための思考法を紹介します。それは**「離れた領域の知のかけ合わせ」**です。

ビジネスにおける需要予測は、ただ数字と統計学を使って個人で分析するだけでは完結しません。コミュニケーションによって情報を集めますし、データ分析ベースの需要予測から企業としての目標を評価し、需給バランスを検討する必要もあります。

つまり、組織間の協働が必要になりますし、その中には意思決定を担うリーダーも存在します。多くの人が関わるために問題も少なくなく、不満やコンフリクトがビジネス価値の創出を妨げてしまいます。こうした組織のメカニズムを研究対象としている経営理論から、現実のビジネスにおける問題解決のヒントを得ることができます。

早稲田大学の入山章栄教授は、**知の探索と知の深化のかけ合わせによって、イノベーションを起こせる確率を上げることができる**と整理しています[89]。この知の探索と知の深化という概念自体は、１９９１年にスタンフォード大学のジェームズ・マーチ教授が提唱したもの[90]です。

知の探索は新たな分野へ進出していくことですが、深化とは実務や研究を通じて理解を深め、効率や効果を高めることです。このため企業内や個人内における多様性（ダイバーシティ）が重要だと言われるのですが、日本企業は特に知の探索を苦手としているようです。これを参考に、**私の専門である需要予測と、そこから少し離れた知をかけ合わせることで需要予測やSCMの進化の方向性を考えてみます。**

SCMは第1章でも少し紹介した通り、調達から販売までの情報と物の流れを、企業の壁を越えて連携し、経営を支える概念です。調達（購買）、生産、物流、需要予測、販売現場とのコミュニケーションなど、企業によって切り分けは異なるものの、多様な機能が連携された組織で担うものです。そのため関わる人が多く、効率的に高いパフォーマンスを出すためには、役割分担や連携のしくみ、つまり組織デザインが重要になります。

第2章で述べた通り、人の処理能力には限界があり、一人でSCMの全領域をカバーすることは不可能なので分担する必要があり、これがSCM組織の一つの特徴と言えます。

様々な業界で見られる組織間コンフリクト

メーカーにおける組織間のコンフリクトでよくある事例として、営業部門と製造部門のものが挙げられます。私は社外のコミュニティで、様々な業界でSCMを担う実務家と話す機会が比較的多いのですが、このコンフリクトは本当によく耳にします。

日本では北米などと異なり、需要予測の専門家であるデマンドプランナーを配置している企業は少ないです。扱う商品数にもよりますが、少なくない企業で営業担当者が需要予測を担っています。また、一部の業界では新商品はマーケティング部門、発売後半年以上経過したらSCM部門で需要を予測するなどの分担をしています。

こうした役割分担の組織において、営業・マーケティング部門の需要予測や販売計画を生産計画へ連携していく業務を**需給調整**と呼びます。

販売計画をそのまま生産計画にできれば需給調整は必要ないのですが、工場の生産ラインや人員には限りがあります。現実にはさらに、工場が原材料を仕入れるサプライヤーにおいても同様の制約があります。これらを無尽蔵に用意することは不要なコストをかけ続けることになり、ビジネスでは現実的ではありません。そのため、何をいつ、いくつつくるのかを調整する仕事が必要になるのです。

この**需給調整が混乱する一つの主要因が、販売計画の変更**です。急な増産依頼は人員の手配が大変ですし、生産ラインを共有する別の商品の生産時期を後ろ倒ししなければならなくなります。逆も問題で、急に減産となると生産ラインや人員が余ってしまいますし、すぐには必要のない原材料が納品されてしまいます。そのため製造部門は、なぜ営業部門の販売計画の精度が悪いのか、と感じている場合が多くあります。

一方で営業部門は、商談で納品を決めるため、自分たちの意思だけで商品別の販売計画を確約することができません。市場のニーズの変化や取引先の要望も踏まえ、随時変更していく必要があるのです。そのため営業部門は、製造部門の融通のきかなさにフラストレーションを抱えていることがあります。

エージェンシー理論で考える組織の課題

エージェンシー理論とは、意思決定の主体であるプリンシパルとその代理実行者であるエージェントという二者の関係性において、

・**情報の非対称性**（エージェントの持つすべての情報をプリンシパルが把握できていない）
・**目標の不一致**（両者で目指すところが異なる）

がある場合、エージェントがプリンシパルの意図とは異なる行動を取るようになるという、モラルハザードのメカニズムを説明するもの[91]です。これは感情的な行動ではなく、合理的な行動の結果起こると説明されます。このエージェンシー理論を使って、先述の需給調整における問題を読み解いていきましょう。

　これから挙げる例は少し極端なものになりますが、わかりやすく読み解くためとご理解ください。また、今回紹介する仮説は扱う商品数が少なくとも数千、数万以上あるメーカーを対象としており、商品数が少ない企業は想定していません。ちなみにこういった仮説

や理論の適用範囲はTheoretical Boundary[92]といい、理論を活用する際はチェックすべき重要なポイントになります。

まずはプリンシパルとエージェントの関係を需給調整の役割分担に当てはめてみます。

企業の成長戦略を描く、具体的には売上高や営業利益の拡大を目指す経営層に対し、それを販売サイドのオペレーションとして実行する営業部門と、生産サイドのオペレーションとして実行する製造部門という関係を前提とします。

営業部門には売上目標（予算）があることが多く、製造部門には在庫目標（または回転率）があることが多いと言えます。この時、プリンシパルを製造部門、エージェントを営業部門と考えます。

冒頭のケースのように、営業部門は売上予算を達成するというミッションがあるため、品切れはできるだけ避けたいと思っています。よって、生産計画を高くしたいと思い、製造部門へ連携する販売計画をあえて高くする人（グループ、支店など）がいます。

一方、客観的な根拠に基づき、低めの販売計画を連携する人もいます。しかし製造部門はその違いがわからないため、どちらも平等に生産計画へ反映することになり、限られた生産キャパシティーが偏って配分されることになります。結果、客観的な販売計画を提示した人は十分な生産量を確保できず、品切れのリスクを抱えることになります。

図3-1 モラルハザード発生のメカニズム

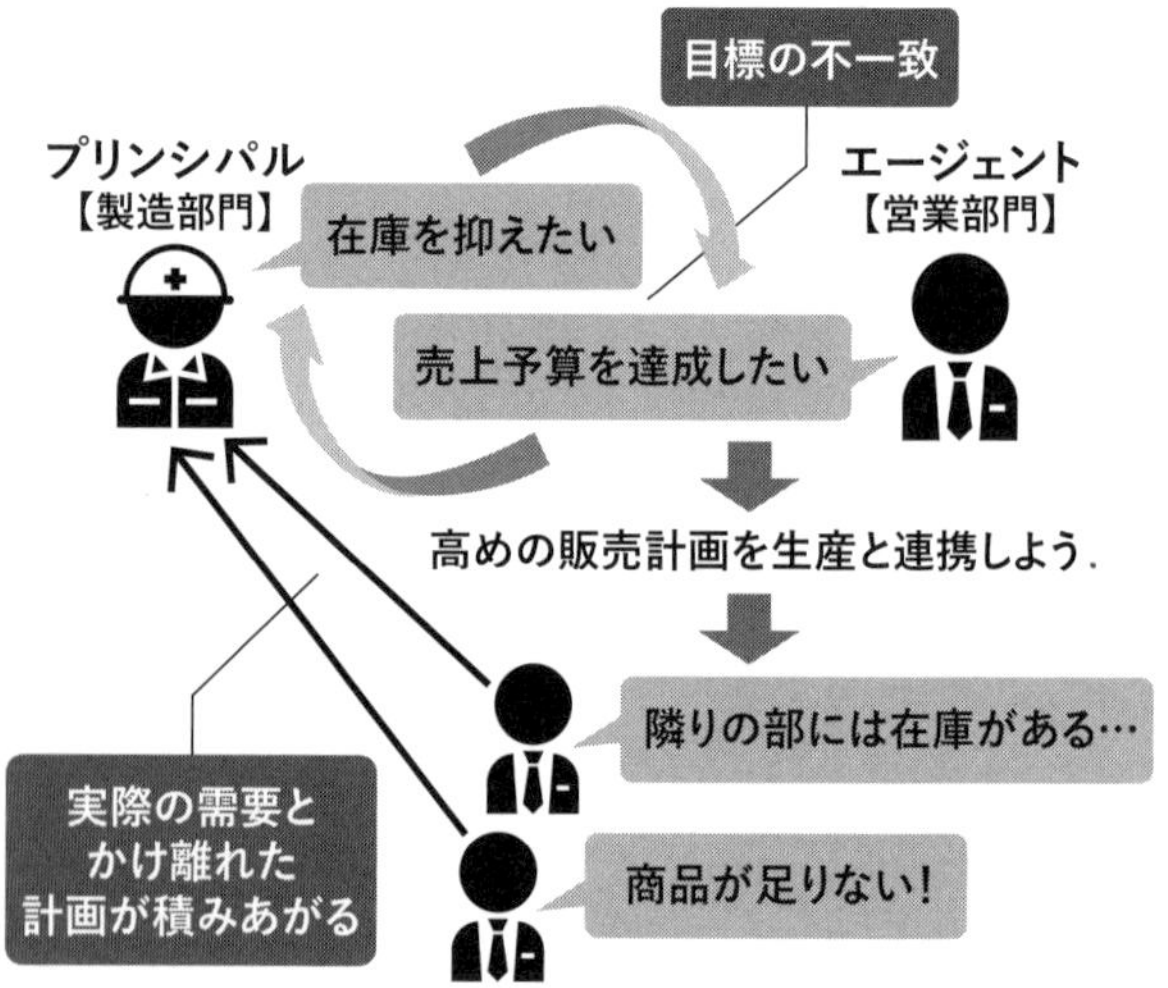

目標の不一致
プリンシパル
【製造部門】
エージェント
【営業部門】
在庫を抑えたい
売上予算を達成したい
高めの販売計画を生産と連携しよう
隣りの部には在庫がある…
商品が足りない！
実際の需要と
かけ離れた
計画が積みあがる

これが繰り返されると、最初は客観的な販売計画を提示していた人も、自分の担当ブランドやアカウントのために、あえて高めの販売計画を連携するようになっていきます。そして、販売計画の精度は悪化し、最悪の場合は不必要な生産キャパシティーの増強へ投資が行われてしまうのです。

これはまさに情報の非対称性と目標の不一致を原因としたモラルハザードであると言えます。

ここで需給調整に関わったことのない方のために少し補足します。おそらく〝売上予算と生産へ連携する販売計画に大きな乖離《かいり》があるなんておかしいのではないか〟と感じる方もいらっしやると思います。感覚的にはその通りだと私も思うのですが、ここに商品数という一つの変数を考慮することで整理することができます。

企業が扱う商品数が少なければ、これらの計画の乖離の詳細がすぐにわかるので、補正しようという動きが生まれやすいと言えます。一方、数千や1万を超える規模となると主力の商品以外の計画は曖昧になり、計画の乖離の詳細がわかりにくくなります。

ブランド単位やアカウント単位で予算（計画）を管理する営業部門は、数千という商品別・月別の計画を毎月更新して管理することは、現実には難しいのです。冒頭でも述べた組織デザインにおける人の処理能力の限界と役割分担の話になりますが、営業部門は売上予算の達成がミッションであり、それに多くのリソースを投入するからです。

よって、2つの計画に乖離があることは把握できるものの、その具体的な商品は何で、どうやって補正するかは単純には考えられないのです。SCMは商品数の増大に伴って管理工数が指数関数的に増加し、難易度が上がると言われますが、需給調整においても商品数は無視できない厄介な変数なのです。

モラルハザード解決の2つの糸口

モラルハザードの原因は二者間の目標の不一致と情報の非対称性であり、それによってエージェントがプリンシパルの望まない行動を取るようになる、ということでした。

これを需給調整の文脈に当てはめると、在庫抑制を目指し、精度の高い生産計画を立案するために妥当な販売計画の連携を望む製造部門（プリンシパル）に対し、品切れを回避して売上予算の達成を目指す営業部門（エージェント）が、実勢や予算よりもストレッチした販売計画を連携するようになる、と整理できます（**図3－1**）。

エージェンシー理論では、このモラルハザードに対し、

・プリンシパルによるモニタリング
・エージェントのインセンティブ

という2つのしくみを導入することで情報の非対称性と目標の不一致を解消し、問題の解決を図ることができると主張されています。ここから得られる示唆として、次の2つのアイデアが考えられます。

一つは、製造部門から営業部門へ人を送り込むという案です。これはベンチャーキャピタルが投資企業に社外取締役として人を送り込むことから着想を得たものですが、これによって連携されてくる販売計画の妥当性についての情報を得やすくなると考えます。

私はＳＣＭ部門の中と、営業部門も含まれる事業部門の中の両方で、需要予測を担ってきました。どちらにもメリットデメリットはあるのですが、事業部門の中で需要予測を行

う方が、営業・マーケティング部門からの情報連携はより具体的に、温度感を伴って行われます。その妥当性を一緒に議論することもしやすく、より明確な根拠をもって需給調整に臨むことができました。これはこの案と本質的には同じかもしれません。

もう一つは営業部門の評価を、売上予算に対する達成率ではなく、計画精度にするという案です。おそらく多くの企業において、予算達成率98％の営業部よりも、130％の営業部の方が高く評価されているはずです。この評価の仕方の場合、販売計画の精度よりも〝とにかく売る〟方が合理的であり、生産量は多ければ多いほど安心、ということになります。

しかし計画精度で評価されるとなると、そもそもの計画をより精緻に立案することも重要になり、結果、先述のモラルハザード問題が解決されやすくなると考えます。実際、ある大手自動車メーカーでは計画精度がＫＰＩになっているそうです。

私が事業部門で需要予測を担っていた際は、営業・マーケティング部門と同じ組織であったため、同じ利益目標を持っていました。不要な在庫は管理コストによって利益を減らすため、販売計画の精度を営業・マーケティング部門と共有しつつ、共に改善を目指していました。**サービスレベルと予測精度の向上を一緒に目指すことで、営業部門との情報連携もよりスムーズになります。**[93] プリンシパルとエージェントのインセンティブ、つまりＫ

PIを統一することも有効な一案だと言えるでしょう。

しかし、現実のビジネスではこういったアイデアを実現するのは簡単ではないことも承知しています。

複数の部門に所属する人の評価のしくみや、レポートラインの整備などはまだあまり進んでいないと感じています。一部のグローバルトップ企業では計画精度による評価も導入されていますが、企業が置かれた環境や成長段階によっては達成率での評価が有効である場合もあると思います。

よって私がここで言いたいのは、経営理論は現実のビジネスの問題解決を考える際の有効な軸になる一方、それぞれの企業の文脈に合わせて具体的に考える必要があるということです。

ここで紹介したエージェンシー理論は、株主と社長、経営層と従業員、上司と部下など、様々な関係に適合し、各種問題を整理することができます。ぜひ、みなさんの頭を悩ませている組織的な問題に当てはめ、モニタリングのしくみや共通インセンティブの設計を検討してみてください。

3―2. 検証！ ベルギーモデルで予測力診断

ケース⑨

「パンデミックによって市場が激変し、品切れと過剰在庫が同時に増えてしまった。そんな時、トップマネジメント層から需要予測精度の向上を指示された。今使っている需要予測システムは5年前のものなので、新しいものを導入してみようか。競合はたしか、需要予測AIを導入して成功したと新聞に出ていたはずだ。いや、まずは外部から専門のデマンドプランナーを採用すべきだろうか」

解説はＰ１２８傍線箇所

キーワード▶ 需要予測診断、フレームワーク、コンサルティングスキル

予測精度向上のドライバー

２０２０年の新型コロナウイルスの感染拡大によって、様々な業界におけるサプライチェーン上の需要が急増減し、一方で供給が分断され、大きな混乱が発生しました。

マスクや家庭用のコーヒーの需要は急増した一方、口紅や業務用食材の需要は急減しました。渡航規制が開始されたことで、訪日外国人需要が大きかったカテゴリーも大きな影響を受けましたね。ここで改めてＳＣＭの重要性を感じた企業が多かったと思います。

このような需給の混乱時には、需要予測の改善にスポットが当たりやすくなります。しかし、ＡＩでもパンデミックや自然災害を予測するのは困難というのが現実です。

では、市場環境が激変する中では需要予測は無力なのでしょうか。答えはＮＯです。

むしろ**需要予測のオペレーションレベルが高い企業ほど、早期にビジネスを立て直すことができる**のです。第1章の1－3でも述べましたが、需要予測のスキルがビジネスのレジリエンシーを高め[94]ます。これは緊急事態の最中にできるものではありません。平時に適切なリソースを張り、時間をかけて企業の予測スキルを高めておかなければならないのです。

冒頭のケースで挙げた通り、急に予測精度改善を考えようとすると、行き当たりばったりのアクションを思い浮かべるしかなくなります。これでは根本原因にはたどり着けず、確実に予測精度は改善しません。ここでパワフルに思考を支援するフレームワークを紹介します。

２０１８年にベルギーの研究者らが**需要予測を高度化する要素**を提案しました。[95]これは過去の需要予測に関する論文をレビューし、重要だと考えられる要素を選別して、複数の企業の実務家へのヒアリングなども行い、整理されたものです。この要素は次の6つです。

1．データ

需要予測に使うデータの整備度合い。出荷や在庫、社外のマクロデータはもちろん、社内の非構造的なマーケティングデータや、社外のSNSデータなども、先進的な企業では需要予測に活用できるように加工、蓄積し始めています。

2．ロジック

需要予測のロジックが属人的ではなく、統一のものを採用できているか。これが社内で決められていないと知見が蓄積できず、精度は上がりません。約60年の歴史がある時系列モデルだけでなく、人の判断を高度化するデルファイ法やベイジアンコンセンサス、機械学習モデルなど、様々な種類が知られています。しかし、必ずしも複雑なロジックの精度が高いわけではないという研究知見[96]も発表されています。

3．システム

需要予測システムの導入有無や、その機能の高度さ。グローバルパッケージはどの企業でも導入できるので、それだけでは需要予測の優位性は獲得できません。

4．パフォーマンスマネジメント

予測精度を評価する指標の定義や、それに基づく改善アクションのしくみの整備度合いなど。予測精度をＫＰＩとしてモニタリングできている企業は意外なほど少ないです。

5. 組織

予算や目標と独立した需要予測組織やＫＰＩの有無など。需要予測の重要さは感じつつ、組織へ投資できている企業は少ないです。

6. 人材

需要予測を専門的に担うデマンドプランナーのスキルやその育成、継承のしくみ。需要予測システムを使いこなし、マネジメントを効果的に推進するためには、プロフェッショナル人材の育成が必須です。

これらの要素を高度化していくことで、需要予測の精度が向上し、ひいてはＳ＆ＯＰで経営を支援できるようになると述べられています。もちろんこの他にも需要予測精度を向上させる要素については提案されていますが[97]、私はこれが最もわかりやすいし、アクションにつなげやすいと思っています。

中長期的視野に欠ける「日本企業の予測力」

この６つの要素はさらに細かな33項目に分けられていましたが、私はこれに新商品と既

図3-2　需要予測レベルの診断結果

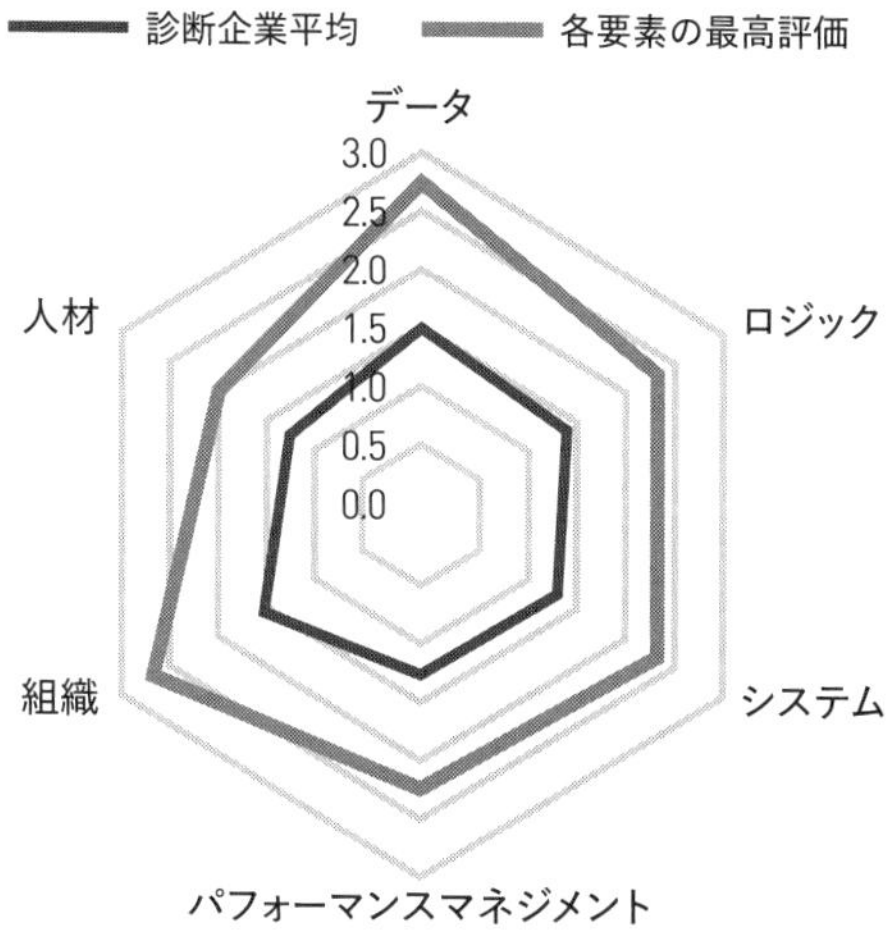

存商品という軸を加えて50項目に増やしました。

また、各項目を3段階で評価するフレームワークをコンサルティングファーム[98]とともに設計し、ウェブで簡易診断[99]ができるようにしました。簡易診断は自己診断であり、他社との比較が困難であるため、その信頼性はやや低くなりますが、それでも0から改善案を検討するよりは、効率的かつ効果的に分析を進めることが可能になります。

私たちは数年以上にわたり、50社を超える企業の需要予測レベルを診断させていただきましたが、統計的な処理を行った結果が**図3-2**のレーダーチャートになります。

これには複数の業界が含まれますが、基本的には製造業が対象です。業界やビジネスモデルごとに特性はありますが、平均と各要素の最高評価にはかなりの差が見られました。この平均についてあえてまとめると、次の通りとなります。

- **市場、販売データやマーケティングプランといった情報は活用できている**
- **責任と権限を与えられた需要予測チームがオペレーションを回している**

といった強みがある一方で、

- **決まった予測精度の評価指標に基づく知見の管理はできていない**
- **デマンドプランナー育成のしくみやロールモデルはない**

といった改善点があります。

つまり、現場のオペレーションで一定レベルの精度は維持しているものの、一段上の目線でのマネジメントや、中長期的なパフォーマンスの維持までは手が打てていないという状態だと言えます。これは単にこの診断結果からの考察ではなく、私の需要予測講座[100]や需要予測研究会[101]でのディスカッション、コンサルティング支援の内容も踏まえているものです。

特に**需要予測のマネジメントについては、具体的なオペレーションについて詳しくない企業が多い印象です。**

私が担当する需要予測のビジネス講座にはすでに150社以上が参加していますが、各種予測モデル以上に予測精度の指標は知られていませんでした。代表的なMAPE[102]だけでなく、Tracking Signal[103]やMASE[104]などは知っておかないと需要予測のマネジメントはできません。まずはグローバルで提案されている様々な指標を知り、そのうえで各社のビジネスモデルや戦略を踏まえた予測精度指標の選択ができるようにすべき[105]と言えます。

こうした予測精度はあくまでも分析の入り口です。そのため、どのような切り口で精度をモニタリングするかも重要な意思決定になります。しくみとして需要予測の精度改善に向けたアクションが継続的に行われるようにしなければ、予測精度の維持、向上は難しいのです。

組織タイプ別の予測改革

この需要予測のレベル診断を使ったコンサルティング事例について、組織のタイプ別に少し紹介します。これらの事例は1社ごとの診断ではなく、レーダーチャートが類似する複数の企業の診断結果を統計的に処理し、それを架空の企業と仮定して、予測改善の方向性を示します。これでみなさんの企業における改善イメージをつかんでいただければと思います。

図3−3 飲料メーカーのレーダーチャート

事例①「組織力型」

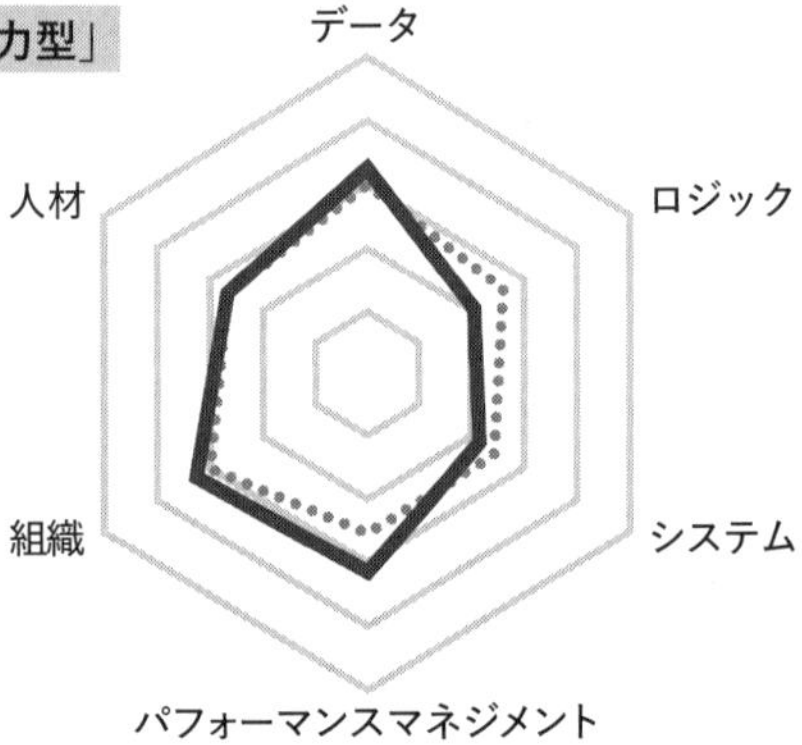

診断結果事例① 飲料メーカー

最初に紹介するのは、組織として需要予測パフォーマンスの管理をすることで、オペレーションを維持している「組織力型」の飲料メーカーです。

予測精度に関するＫＰＩが設定され、それが関連部門とも共有されることで、需要予測チームは責任を持って業務を推進しています。

一方で、統一的な予測ロジックはなく、また支援システムも整備できていません。基本的には各プランナーがエクセルなどで属人的に需要を予測しています。

こうした企業では、短期的には業務の効率性、中長期的にはパフォーマンスの継続性が脆《ぜい》弱《じゃく》と言えます。ここが強化ポイントです。改

図3-4 重機メーカーのレーダーチャート

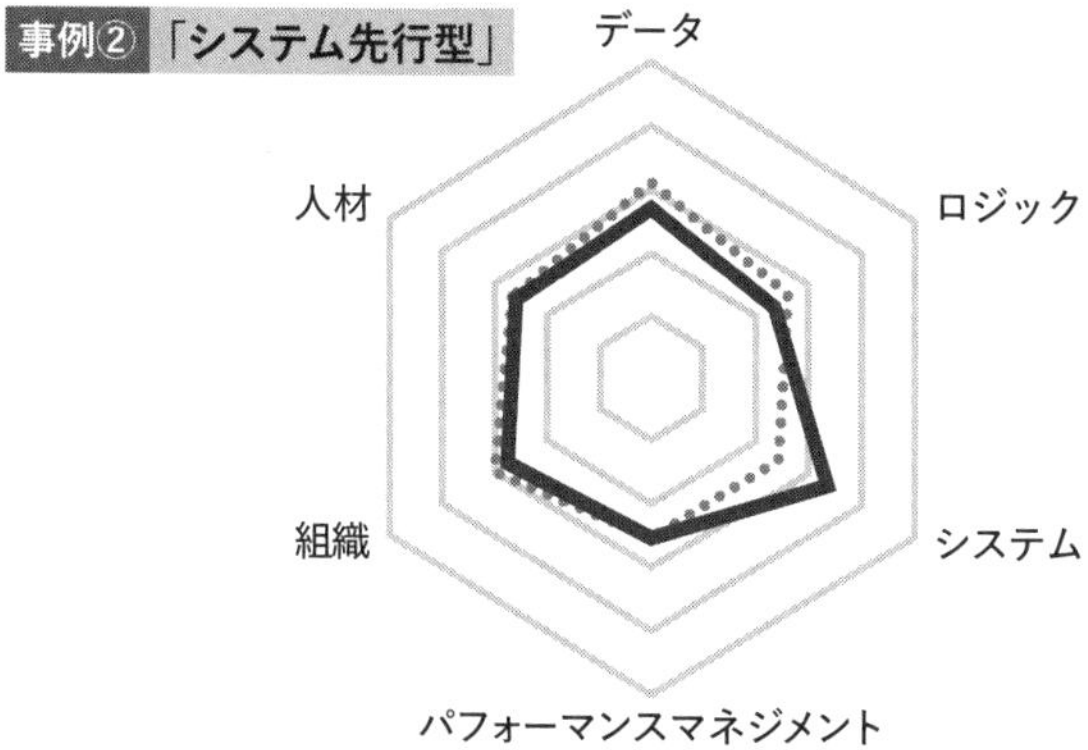

善の案としては、

・**統一的な予測ロジックの設計と展開**
・**予測支援システムの導入**

が挙げられます。特に飲料メーカーでは商品数が少なくないため、予測支援システムの導入は業務効率性を高めることが期待できます。

ただし、需要予測システムはそれを管理するスキルが極めて重要です。そのため、システム導入はデマンドプランナーのモデル管理スキルの育成とセットで進める必要があることに留意しましょう。これは多くの企業において盲点となっています。

診断結果事例② 重機メーカー

次は、システム投資が先行している重機メーカーの事例です。これは企業規模が大きい場合や、グローバルで統一のシステムを導入している場合によく見られます。

こうした企業では、予測支援システムを使いこなせるかが重要になります。すでに述べた通り、需要予測システムは高度なモデルが実装されていても、人がパラメータやデータを適切に調整できなければ、高い精度は維持できません。市場環境が変わらないという業界はあまりなく、これらの調整を行い続ける必要があります。

また、販売データは品切れやプロモーションの影響を受けます。これを適宜、補正していかないと予測精度は下降していきます。需要変化の背景を理解し、予測モデルのロジックも理解できる人材を育成する必要があります。

そして、組織として予測システムを使いこなせるようになった後は、その精度を管理するしくみの設計を目指すことになります。社内で予測精度を測る指標を合意し、それを継続的にモニタリング、公表するのがよいでしょう。

さらに、需要予測チームのマネージャーは、エリアやカテゴリー別の予測精度を定期的に分析し、予測モデルの変更やパラメータ調整を指示できる人材が担うべきです。

この他にもいくつかタイプはありますが、このように6つの要素すべてが重要でも、企業ごとにマイルストーンが変わります。

改革をリードするのは専門知見

ここで紹介したような、研究知見をベースとしたフレームワークは、分析の的確さとスピードを高めます。さらにフレームワークを使ったプレゼンテーションは、よりパワフルにみなさんの仮説、提案を後押ししてくれるでしょう。しかし、**ただフレームワークを使うだけでは、先述のような改善の方向性を示すことはできません。これにはそのビジネス領域の深い知見と経験が必要になります。**

実際の需要予測診断では、まず対象企業の業界や扱っている商品数、新商品の発売頻度や売上構成比、ビジネスモデル（サプライチェーンの構造）などについて調査します。特に商品数や新商品の売上構成比、ビジネスモデルに影響される生産や発注のリードタイムによって予測精度のレベル感は異なるので、それらを考慮して目指すべきゴールを想定します。このあたりのポイントのおさえどころや、目指すレベル感の設定には需要予測の知見が必要になります。

需要予測レベル診断のフィードバックはレーダーチャートで行っていますが、この時に対象企業以外に表示するのは、同業界や新商品の売上構成比などが近い企業の平均や最高値（Best in Class）になります。その方が自社のレベル感や目指せる到達点にリアリティが出てくるからです。

より重要かつ困難なのが、改善マイルストーンの設定です。自社と平均、または最高値が可視化された後、どの要素から伸ばしていくかを考えます。いずれはバランスよく強化していく必要はあるものの、リソースの制約から一度にすべてを強化することはできないのが一般的です。弱点を強化する、強みをさらなる競争力とする、早期に小さな成果を出す、など、各社の戦略を踏まえてマイルストーンを描きます。

こうしたコンサルティングスキルは必ずしも外部に求めるものではありません。自社でできる方がスピードも速いし、コストも低くなる可能性が高いです。需要予測の専門家とまでは言えなくても、需要予測の知識を持ち、予測スキルを備えた人材を育成する重要性がここからもわかるでしょう。

ここで述べてきた需要予測の高度化とは、単に予測精度の向上だけではありません。むしろ本書の重要なメッセージである、「**予測アジリティ**」です。

需要予測のアジリティとは、**①市場環境の変化の早期察知と、②それを踏まえた素早いデータ分析に基づく柔軟な需要予測の更新**です。先述の6つの要素を高めることで、需要予測のアジリティを向上させることができます。

データとマネジメントのしくみの高度化によって、市場変化を早期に察知できるようになりますし、ロジックやシステムを使いこなすことによって、需要データの分析スピードは上がります。これらをリードするのは需要予測スキルを備えたプロフェッショナル人材であり、それは組織として育成するものなのです。

不確実性が高まるビジネス環境の中では、オペレーションの精度には限界があり、アジリティを獲得することでレジリエンスを高めることも重要になります。

製造業のビジネスレジリエンスを高めるためには、需要予測を可能な限り、高度化しておく必要があると言えるでしょう。これを効率的に推進するためには、予測オペレーションにおける６つの要素を客観的に評価し、他社と比較することが有効です。

診断結果の解釈と改善アクションの提案、実行には需要予測の専門的かつ実務的な知見、スキルが必要になりますが、アカデミックな研究知見に基づく根本課題の発見は、ビジネスのレジリエンスを高めるための最短の道になるでしょう。

3—3. データを超える直感

ケース⑩

「過去30年分のマーケティングプロモーションと需要の関係性を、統計学を使って分析し、予測モデルを構築した。メディア宣伝にいくら使えばどれくらい需要が増えるかをシミュレーションすることができる。これを使って期待の新商品の需要を予測したが、今回はじめて中国に向けて実施するライブストリーミングの効果は考慮できているのだろうか。そういえば30年前にはスマートフォンもなかったような……」

解説はP143傍線箇所

キーワード ノイズ、プロの直感、オペレーションズ・リサーチ

データをたくさん集めたのに予測がはずれる理由

本書でここまで述べてきた予測スキルは、ビジネスリスクの予見性を高めると同時に、ビジネスのレジリエンシーを高めるためのアジリティを生み出します。一方で、**予測は1**

00%の精度で当たるものではありません。スキルやプロセスのレベル、システム支援の有無によって程度は異なりますが、必ず誤差が発生します。この誤差はなぜ生まれるのでしょうか。

機械学習の分野[106]でも行動経済学[107]の分野でも、予測の誤差は主に2つの要素に分解できると述べられています。一つは**バイアス**と呼ばれるもので、すでに本書でも何度か登場しましたが、考え方やロジックの偏りのことです。

例えば営業部門は予算達成を優先し、需要予測を高めにしたり、商品開発部門は機能的な向上を根拠に、同様に予測を高めにしたりするかもしれません。しかし実際の需要は顧客や消費者がどう思うかで決まります。こうした考え方の偏りがバイアスの一例です。つまりバイアスは正解があることにおいて、それとのずれを表すものです。

もう一つは**ヴァライアンスやノイズ**と呼ばれる、考え方のばらつきのことです（以下ではノイズに統一して表記）。さきほどの例で言えば、売りやすさによって需要を高めに予測する営業担当者であっても、もともとの性格やそれまでの営業経験の内容などによって、その程度が異なります。

冒頭のケースで挙げたメディアプロモーションの効果でもばらつきが見られます。同じ投資額でもテレビと雑誌では需要への影響は異なりますし、雑誌の中でも企業の広告ペー

図3-5 予測誤差の2つの発生要因

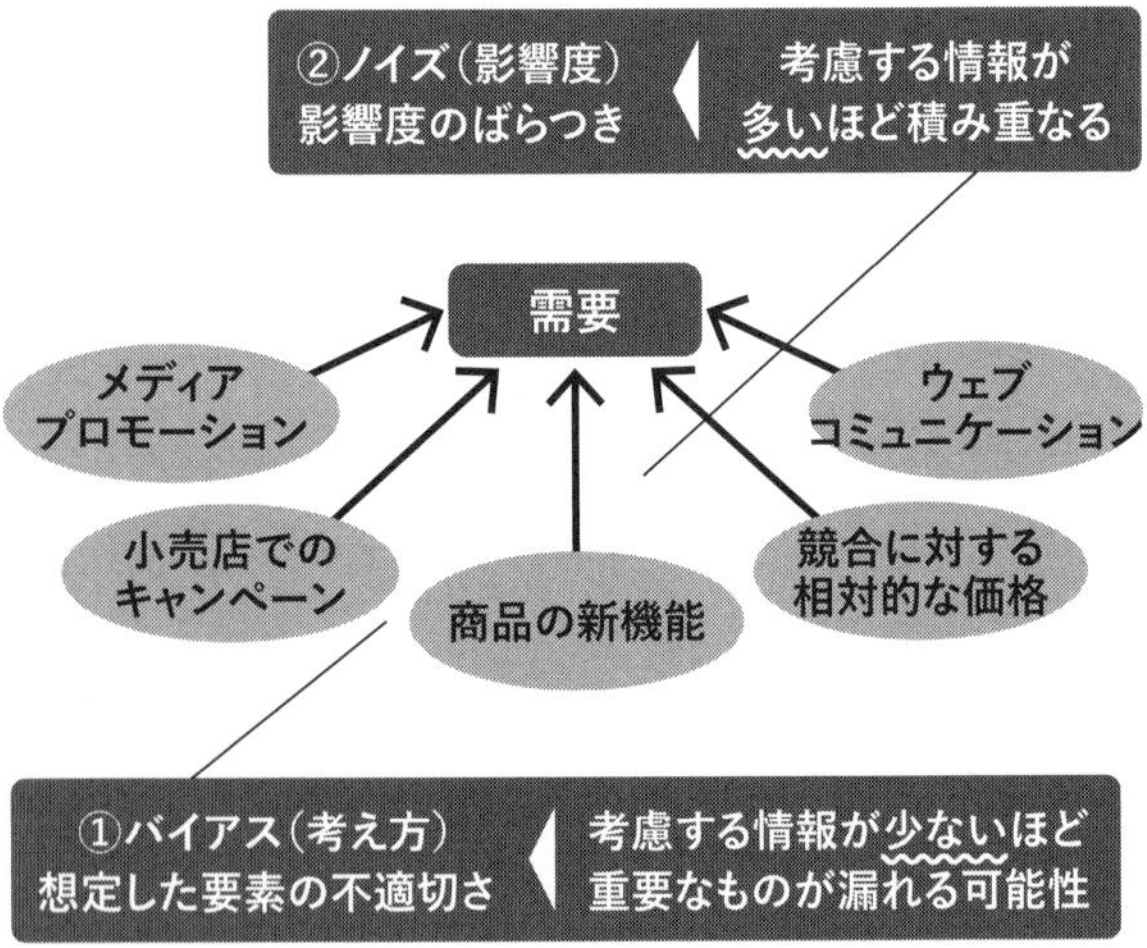

ジと著名なインフルエンサーの体感記では異なるでしょう。宣伝に登場するモデルのその時の人気にも左右されます。

統計的なデータ分析では、多くのデータの中から需要とその原因要素の関係性を描きます。様々な要素を考慮するモデル、考え方ほど精度が高くなると思われがちですが、これは多面的なデータがバイアスを減らすためです。

ただ考慮するデータが多くなるほど、一つひとつの関係性におけるノイズが積み重なっていきます。商品の価格の需要への影響は、消費増税の前後では異なるかもしれませんし、商品機能も同様の機能を持つ競合商品がどれくらいあるか、それがどれくらい売れているかなどの条件によって異なると考えられます。

つまり、分析データが多ければ予測精度が上がるわけではなく、これは専門用語では**バイアス－ヴァライアンスジレンマ**[108]と呼ばれています。バイアスを小さくしようとデータを多くするとヴァライアンス（ノイズ）が大きくなり、ヴァライアンスを小さくしようとデータを少なくするとバイアスが大きくなってしまう傾向があるのです（**図3－5**）。

直感がデータを超える時

現実のビジネスでは、常に新しい価値を持つ商品の開発や、それを消費者へ伝える新しいマーケティング手法が検討されています。過去にも似たような商品やプロモーションはあったという場合も多いですが、市場における競合の動向や消費者心理、プロモーションツールなどが変わっていて、これらも需要予測の考え方、モデルのノイズを大きくします。

これを考慮すると、需要予測で使える信頼性の高いデータは常に十分ではないのです。

高度な時系列モデルや重回帰分析などが需要予測に使われて、かなりの年月が経過していますが、ビジネスでは多くの企業が需要予測で悩んでいます。この理由は、**予測の考え方を高度化する、つまりはバイアスを減らす方に意識が向き過ぎていて、ノイズを減らす**

方に手を打てていないからだと考えています。アカデミックな研究でも、人はバイアスの方を重視してしまうというバイアスーバイアス[109]という傾向が指摘されているほどです。

私たちビジネスパーソンは、データ分析以外に予測に使える武器はないのでしょうか。

これに対する一つの示唆が、人材採用分野の研究[110]で提供されました。日本でたとえるとTOEICや大学での成績などと、入社後の人事考課の関係性を統計的に分析し、そのモデルで入社後のパフォーマンスを予測します。一方で、人事のプロフェッショナルが面接によって採用します。

これら2種類の評価方法で採用した人材の入社後のパフォーマンスを比較した結果、使えるデータが少ない条件ほど後者の方法で採用した方が高いパフォーマンスを示しました。

この研究ではこれ以外の示唆も提供されたのですが、ここで注目したいのは、**データの不確実性が高い条件では、その道のプロフェッショナルの直感とも言える感覚が精緻なデータ分析に勝った**ということです。

人材採用という情報の不確実性が高いイベントにおいては、データ分析ではノイズが大きくなります。考慮できる情報が比較的少ない人の直感、判断はこの点で有利です。

ここで気になるのがバイアスです。通常であれば、考慮できる情報が少ないほどバイアスが大きくなり、予測精度は低下します。しかし、その道のプロフェッショナルであれば少なくとも本当に重要な情報を考慮しているため、バイアスも大きくならないと考えられているのです。

ちなみに、需要予測において特に情報の不確実性が高く、データ分析が有効になりにくいのが新商品です。この発売前における予測となると、売上、つまり実際の需要に関するデータが全くない状態です。リニューアルの新商品であれば、前身の商品の実績を使い、時系列モデルでの予測が有効になることもありますが、全く新しい商品の場合は需要の因果関係に関するデータ分析を基に予測するのが基本です。

ここでノイズによる予測誤差が大きな問題になっているのです。

ポイントは再現性の高いプロセス

そうはいっても需要予測を単なる直感で行うのは危険です。

先述の人材採用の事例でも、その道のプロフェッショナルだからこその直感で、かつその暗黙知を面接というプロセスで形式知に変換できたことがポイントです。需要予測でも同様に、再現性の高いプロセスが必要になるはずです。

また、**人の判断による予測精度を高めるためには、①統合、②選抜、③教育が重要**[111]**だと**

指摘されています。一人の判断では経験などによるバイアスがあるため、複数名の判断を組み合わせることでこの影響を小さくし、予測精度を高めることができます。

後述しますが、世の中には予測が得意な人、専門用語では「超予測者（Super Forecaster）」[112]と呼ばれますが、そうした人を選抜して予測プロセスに入ってもらうことも精度を高めることがわかっています。

予測の根拠への探求心や数字が好きなど、生まれつきとも言える要素もありますが、**人の予測力は教育で高められる**ことも確かめられています。ここで人の予測力を最大限に活かす一つのアイデアを紹介します。これは需要予測とは少し離れた領域、オペレーションズ・リサーチの意思決定支援法とのかけ合わせです。

オペレーションズ・リサーチとは科学的な問題解決方法[113]のことであり、簡単に言い換えると〝筋のとおった方法〟を用いた「問題解決学」のことです。これにはいわゆる「シミュレーション」も含まれ、他にも様々な手法がありますが、ここで取り上げるのは**階層化意思決定法（AHP）**[114]と呼ばれるものです。

みなさんの中にはマンション選びをしたことがある方も多いと思いますが、なかなかすぐに「これだ！」と決めることは難しかったのではないでしょうか？　それは、みなさんが優柔不断だからではありません。家賃、駅からの距離、周りの環境、日当たり、職場か

図3-6 AHP予測のための階層構造の整理例

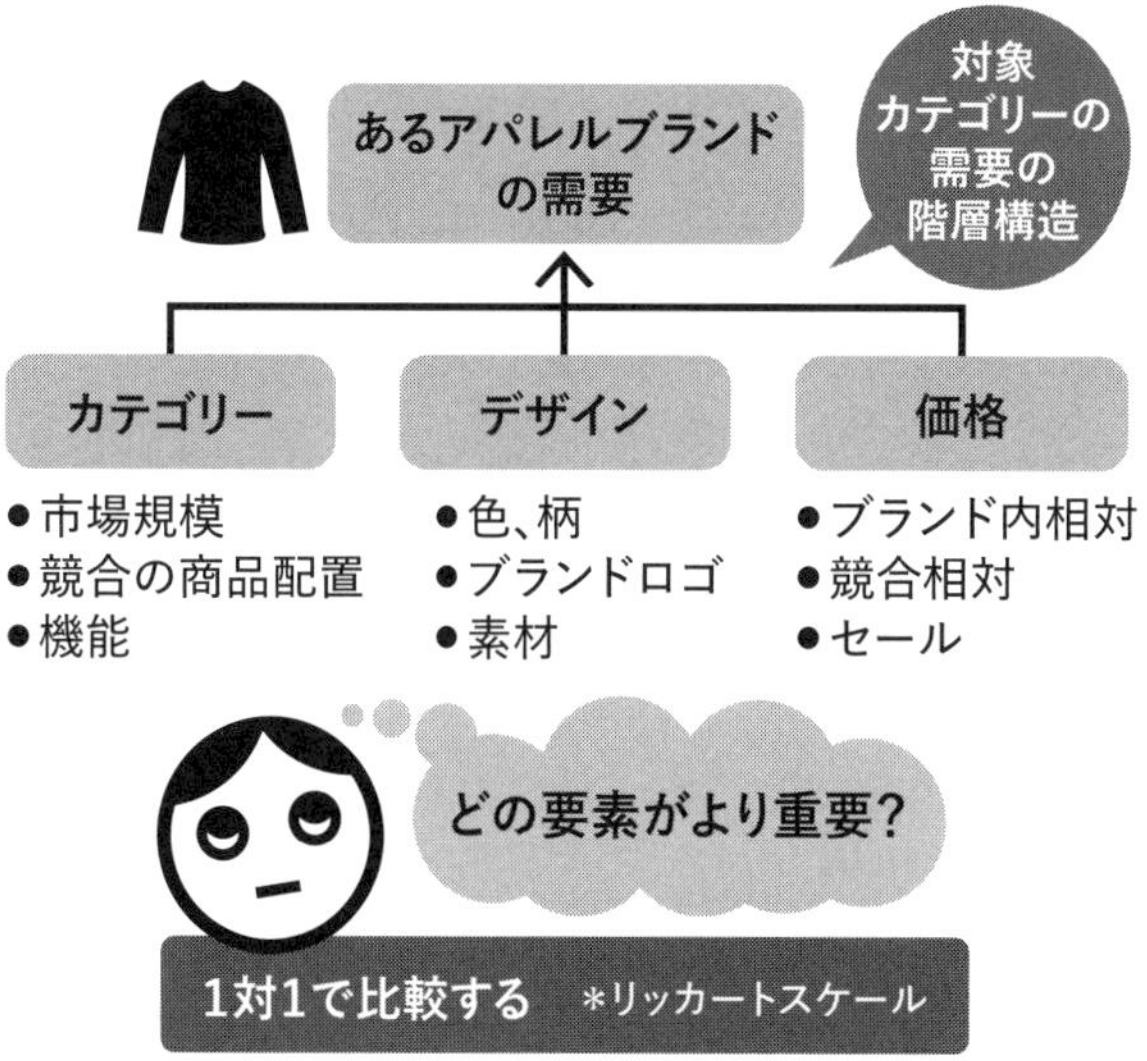

らの距離、近隣のスーパーの有無など、たくさんの検討すべき項目があり、さらに選択肢も通常は複数あるからです。

人は、複数の判断軸がある中で、複数の選択肢から一つを選ぶのは不得意なのです。こういった事態に対し、AHPは大変便利な意思決定ツールとなります（**図3－6**）。

AHPを使うと、人が比較的得意な一対比較を繰り返すことで選択肢に点数を付けることができます。

マンション選びの例で言うと、職場からの距離という軸に対し、物件Aと物件Bのどちらが良いか、といった一対比較です。これなら数秒で

図3–7 各判断軸における選択肢の一対比較の例

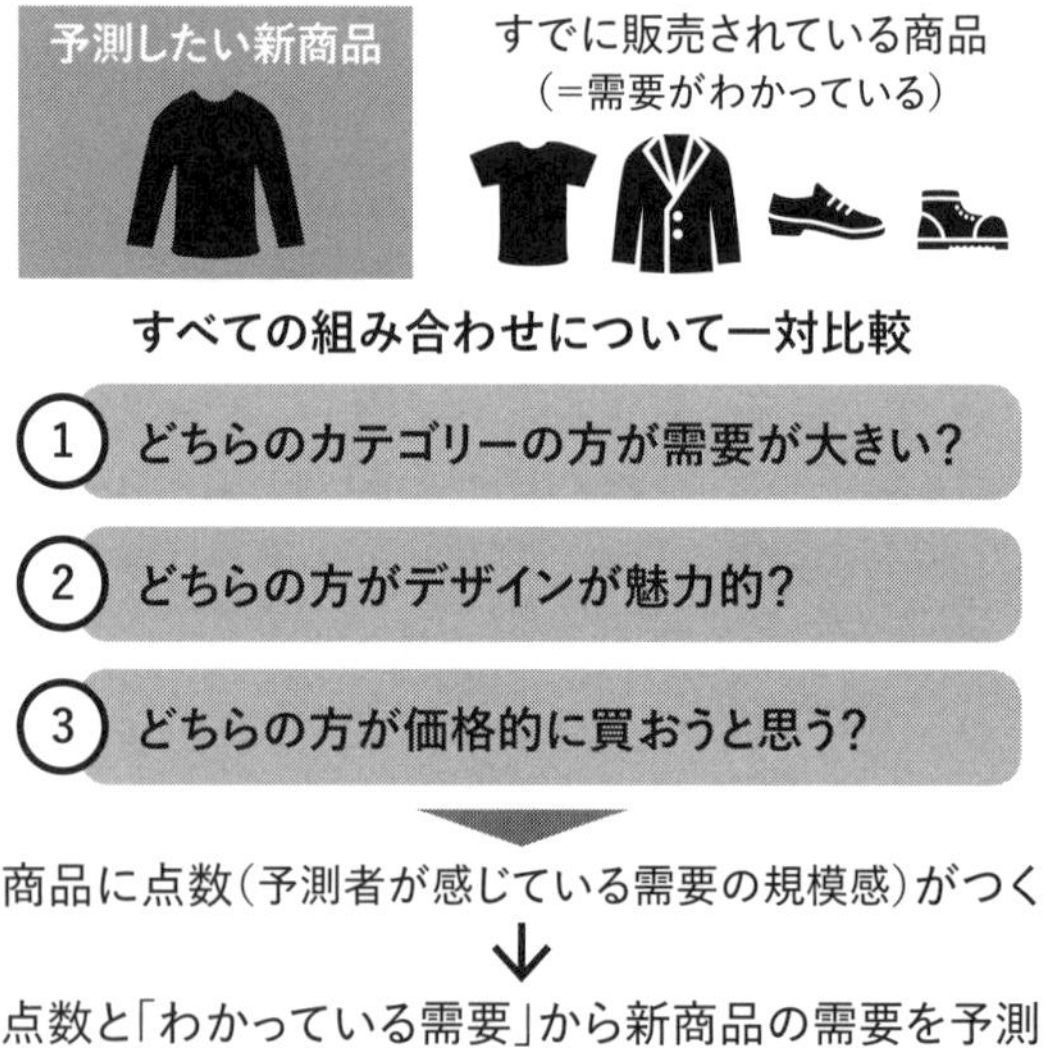
予測したい新商品
すでに販売されている商品
（＝需要がわかっている）
すべての組み合わせについて一対比較
1 どちらのカテゴリーの方が需要が大きい？
2 どちらの方がデザインが魅力的？
3 どちらの方が価格的に買おうと思う？
商品に点数（予測者が感じている需要の規模感）がつく
点数と「わかっている需要」から新商品の需要を予測

回答することができるでしょう。この一対比較の結果を数学的に合算する[115]ことで、選択肢に点数がつくのです（**図3－7**）。

これを需要予測に応用するアイデアでは、需要への影響が特に大きな評価軸を3つ程度にしぼりこみ、選択肢として予測をしたい新商品と、すでに発売になっている既存商品を4つ程度選定します。

ここで重要なのが**評価軸の設定**です。これは予測対象のカテゴリーの市場や消費者について熟知したプロフェッショナルの知見がないとポイントをはずします。先述の専門用語で言うバイアスが大きくなるのです。マンション選びの例で、評価軸を概観、エレベーターの有無、コンビニからの近さなどとした場合、家賃や利便性が考慮に入らないため、満足のいく意思決定はできないモデルになってしまうでしょう。

この予測モデルは、世界の4万人以上の需要予測のエキスパートが所属するアメリカの団体[116]のジャーナルにアクセプトされています[117]ので、より詳細なロジックに興味がある方は日本語の拙著[118]などをご参照ください。

需要予測のセンス

このAHPを応用する需要予測モデルは、消費財、小売、サービスといった複数の業界の数十を超える事例において、従来のデータ分析に基づくロジックよりも高い精度を示しました。

例えば消費財では、生産や調達のリードタイムによって決まる、誤差率の目標水準があります。予測の誤差率が一定の値以下であれば、品切れも過剰在庫も発生させないというレベルのことです。この水準に達する新商品の数で、重回帰分析やマーケティング調査を活用する予測ロジックの精度を超えたのです。

この直感的とも言える予測モデルで高い精度を実現するには、次の2つのポイントをおさえる必要があります。

1. 需要の因果関係を踏まえてＡＨＰの評価軸を設定する
2. 予測者のセンスを数字で評価し、これが一定以上の人の予測値のみを平均する

一つめのポイントはすでに述べましたが、予測をしたい商品の市場や顧客について熟知したビジネスプロフェッショナルが設定することで、バイアスを極力小さくできます。

ここでフォーカスしたいのがもう一つ、予測者のセンス評価です。

ＡＨＰを応用する予測モデルの特徴の一つは、複数の予測者の感覚が統合されることです。再びマンション選びの例を挙げると、家族で選ぶ際に、子どもは部屋の広さを重視するかもしれませんが、働く親は交通の利便性を重視するかもしれません。それぞれが大事だと思う要素は完全には一致しないのですが、みんなが大事だと思う要素ほど高い点数がつくような計算になっているのです。逆に誰か一人だけが大事だと思っている要素には、あまり高い点数はつきません。

需要予測では市場の反応が正解です。個人のセンスと市場の反応のずれはバイアスになりますが、これは予測をミスリードするので、考え方の異なる複数名の感覚を統合することは予測精度を高めるのです。極論すれば、すべての顧客にヒアリングした結果が市場の反応ということです（**図３－８**）。

図3–8 集団的な予測は市場の反応に近づく

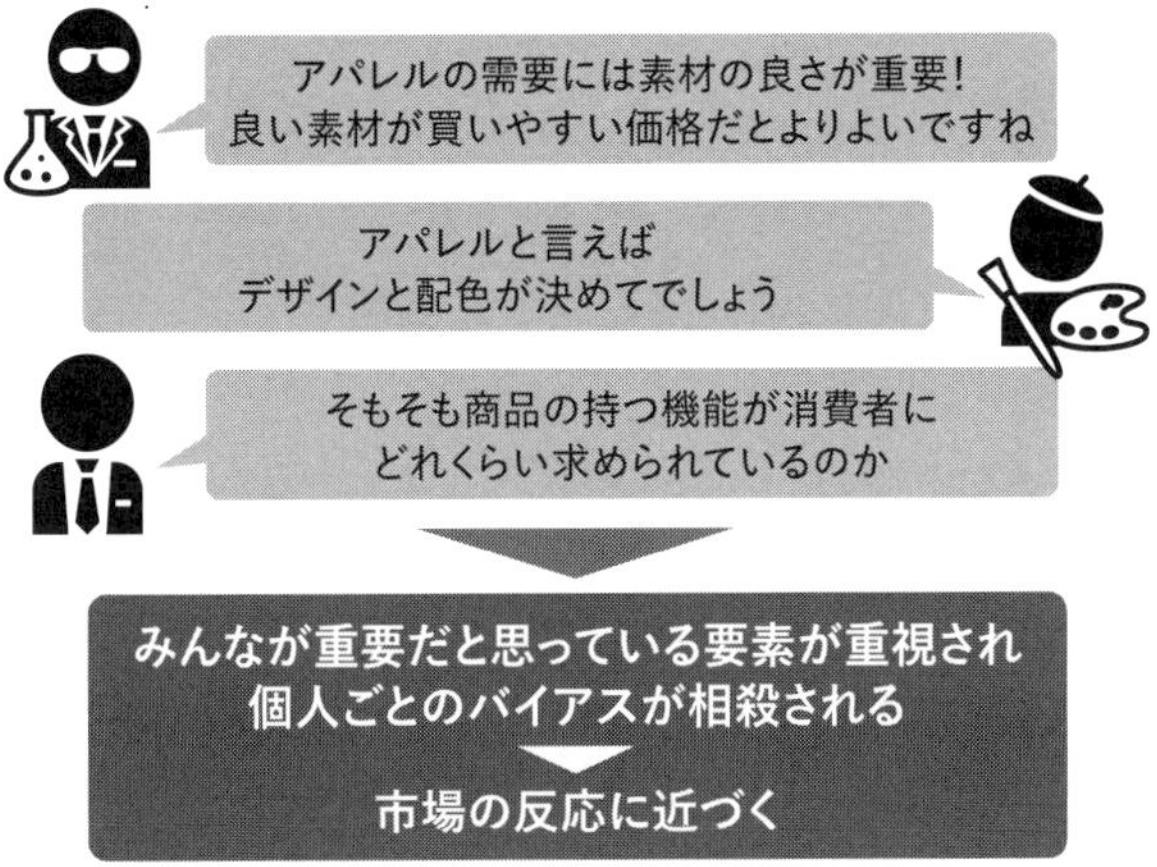
アパレルの需要には素材の良さが重要！
良い素材が買いやすい価格だとよりよいですね
アパレルと言えば
デザインと配色が決めてでしょう
そもそも商品の持つ機能が消費者に
どれくらい求められているのか
みんなが重要だと思っている要素が重視され
個人ごとのバイアスが相殺される
市場の反応に近づく

さらにこのＡＨＰ予測モデルの精度の高さが各種研究知見と整合しているのは、予測者の選抜ができる点です。これはＡＨＰ自体の特徴として公表されているものではなく、需要予測モデルとしての提案ではじめて出てきている概念です。

ＡＨＰを使うと、新商品を含め、すでに販売されている商品にも点数がつくということを説明しました。この点数は、需要に影響が大きい要素を評価した結果出てくるものなので、**予測者が心の中で思っている商品の需要の大きさが表現されたもの**と言えます。

ただ、この点数とすでに販売されている商品の実績がアンバランスであったら、新商品の点数の信頼性も下がると考えること

図3−9 AHP需要予測における予測者の選抜

		既存商品A	既存商品B	センスの評価
AHPで計算された得点	予測者①	0.3	0.7	○
	予測者②	0.8	0.2	×
	予測者③	0.4	0.6	◎
実際の需要（過去の発売時など）		1000個	1500個	↓ 予測者②は除外

予測者②はAHPではA>Bだが実際の需要はA<B

AHPで計算された各商品の得点と実際の需要のバランスが悪い予測者の予測値は除外する

市場の反応が感覚としてわかっている予測者を選抜できる

ができます。そこで、新商品以外のAHPの点数と売上実績の整合性を評価[119]し、これを予測者のセンスと捉えることで、予測者の足切りができるのです。

集合知を使う需要予測では、個人のバイアス（個人のセンスと市場の反応とのずれ）がノイズになります。

予測者同士がコミュニケーションしなければ[120]、予測を平均などで統合するとこのバイアスは小さくなる傾向はありますが、センスのよい予測者を選抜することで、予測精度をより高めることができるのです（**図3−9**）。

AHPを応用する予測モデルは、

個人のバイアスを数字で可視化できる珍しい例でしょう。

以上のように、AHPを使った需要予測モデルは、人による予測精度を高める「統合」と「選抜」の特徴を備えています。また、この予測結果をふりかえり、関係者でその背景にある需要の因果関係について議論することで、予測者のセンスを磨いていくことができます。これがもう一つの、人の予測精度を高める「教育」に該当します。

これからさらに不確実性が増すことが予想できるビジネス環境において、**従来の多様なデータ、情報を使った予測手法の精度は、ノイズの増加によって低下する**と考えられます。

そこで新たな突破口となる予測手法は、ここで紹介したようなプロフェッショナルの直感を活用するものなのではないかと私は考えています。

第3章のポイント

▼ 需要予測のスキルは個人ではなく、組織として身につけることで中長期の競争力になる

▼ 組織の問題は経営理論を使って読み解くことで、有効な解決策を考えやすくなる

▼ 営業部門と製造部門のコンフリクトは、幅広い業界で見られる典型的なエージェンシー問題である

▼ 需要予測は、①データ ②ロジック ③システム ④パフォーマンスマネジメント ⑤組織 ⑥人材の「6つの要素」をバランスよく伸ばすことで高度化できる

▼ 情報の不確実性が高い条件では、精緻なデータ分析よりもその道のプロフェッショナルの直感が勝るという研究結果が出始めている

第4章

需要予測で描く未来のビジネス

――予測を超えた需要創造へ

4—1．需給をコントロールするモデル

ケース⑪

「今年、消費財メーカーで需要予測と在庫管理を担うグループを任されることになった。ブランド別の在庫金額目標が提示されたので根拠を確認したが、前年から5％の改善という回答で、具体的な根拠はなかった。これではアクションを設計できない。そもそも在庫目標は、時系列予測のように過去からの推移で立案するものなのだろうか」

解説はP157、P159〜傍線箇所

キーワード▶在庫回転率、DOS、戦略在庫

効率重視から継続性重視への移行における在庫のあり方

メーカーや小売業のビジネスにおいて、在庫問題は非常に重要です。在庫にはその商品代がかかるだけでなく、保管や輸配送、管理にもお金がかかる[121]からです。

一方で2021年の新型コロナウイルスの影響による半導体不足[122]時には、在庫を用意し

ておいたおかげでビジネスを継続できた企業が優位になりました。ビジネスの関心が、効率を重視するリーン（Lean）から継続性を重視するレジリエンシーに移る中で、改めて在庫の機能が見直された一つの事例でした。

在庫が常に多くの業界において課題となっているのは、とるべきアクションがその時々のビジネス環境や企業のライフステージ、戦略などによって変わるからです。需要予測における統計的モデルやＡＩの活用も同じですが、**在庫の持ち方も臨機応変にバランスを調整できることが競争力になるのです。**

多くの企業で売上高や営業利益、ＲＯＥ[123]、ＲＯＩＣ[124]などの目標が設定されます。この他、在庫に関連するものとして在庫回転率や納品率（Fill rate）を設定している企業も多くあります。

在庫回転率とは、保有している在庫が年に何回転しているかを示すもので、この数字が高いほど少ない在庫で効率的にオペレーションができているという解釈になります。

この逆数が在庫保有月数や日数（ＤＯＳ[125]）と呼ばれるもので、売上規模に対し、どれくらいの在庫を保有しているかを示す指標です。先述の通り、これらの数字は高かったり低かったりすればよいというものではなく、ビジネスモデルに応じて適正な水準があり、その範囲に維持することが重要になります。

在庫保有日数が少なければ効率的に事業を運営できていると思いがちですが、もしかしたら品切れが多発し、営業や販売の現場が混乱しているかもしれません。

生産や調達のリードタイムによって大きく異なるため、一概に何日程度が適正かは言えませんが、日本において、生産リードタイムが数ヵ月〜半年などと比較的長い業界で、扱っている商品数も数千、数万以上などと多い場合は、100日を切ると顧客へのサービスレベルは競合の後塵《こうじん》を拝することになるでしょう。

そのため、**在庫保有日数や回転率は、納品率や品切れ率といったサービスレベルを評価する指標とセットでモニタリングしていく必要があります。**

こうした在庫の役割やそれを評価する指標の解説は様々な書籍に記載されていますが、実際にどの程度が適正かを算出する考え方について提唱されているものはほとんど見かけません。業界を横断して、統一の具体的な数字を提示することはむずかしいですが、本項では在庫目標を設定するための一つの考え方を示したいと思います。

計画する在庫——理想的な在庫計画のモデル

在庫目標を考えるために、まずはどのように在庫が生まれるかを整理しましょう。在庫には複数の種類があり、

・ビジネスモデルによってある程度、規定されてしまうもの
・意思を持って戦略的に用意するもの
・オペレーション上どうしても発生してしまうもの

などがあり、それらを積み上げることで、各社の理想的な在庫を計算することができるはずです。

また、在庫は基本的に売上に応じて必要な規模が増減します。そこで、これから私が提唱する在庫計画のモデルでは、金額ではなく日数で立案するものとしました。そこに売上目標をかけ合わせることで金額換算ができますし、期中で売上の見通しが変わる場合は、それに合わせて在庫目標も上下させられます。これによって売上に応じたコストコントロールができるはずであり、これも保有日数で計画する理由です。

もちろん、11月に売上の見通しを変えたからといって、12月末までに在庫を調整することはむずかしい業界が多いでしょう。生産、調達のリードタイムは考慮する必要があります。

1．サイクル在庫

まずは生産や調達のオペレーションサイクルによって必要となるサイクル在庫です。例

えば毎日発注する小売店であれば、必ず1日分の在庫が必要になります。毎月生産計画を立案するメーカーであれば1ヵ月分になります。次の発注や生産までに売れる分は常に持っておく必要がありますよね。

2．安全在庫

過去の需要変動を踏まえ、余分に持っておく在庫です。需要予測が当たりにくい商品であれば、安全在庫の数が多くなります。また、これは発注や生産のリードタイムが長くなるほど多く必要になるものでもあります。その期間の予測誤差が累積されるからです。ただし単純に累計されるわけではなく、誤差は正にも負にもなるので、理論的にはリードタイムの平方根を掛けて算出します[126]。この安全在庫は需要や誤差が上下に同じようにばらつくこと[127]を前提にしているので、各社の実態を踏まえて、やみくもに適用しないことが重要になります。

これら2種類の在庫は広く知られていますが、これらだけで理想の在庫を計算している企業もあります。しかしこれでは不十分です。

3. ロット在庫

需要の規模に対し、生産や調達の最小単位（ＭＯＱ）[128]がかなり大きい場合に発生します。１ヵ月に５００個しか売れない商品のＭＯＱが５０００個だった場合、一気に10ヵ月分の在庫を持つことになります。これがロット在庫です。

このＭＯＱは商品や原材料の調達元との契約によって決まりますが、大きいほどコスト、つまり原価が安くなるため、そこにばかり着目し過ぎるとロット在庫が発生しやすくなります。

ＭＯＱと仕入れ単価の決定の際にも需要予測が活用されますが、実際には「原価を抑えるためには需要がこれくらいないといけない」といった逆の発想で予測されるケースもあります。この場合、結局はロット在庫の管理費用によって利益は下がるので、トータルで考えてＭＯＱを決定するのが望ましいと言えます。

少し細かく在庫を計画している企業であれば、このようなロット在庫も目標設定に考慮できているかもしれません。

4. 戦略在庫

安全在庫同様に、需要変動を想定した在庫です。しかし安全在庫と明確に異なるのが、戦略在庫は未来の需要変動を想定して設定するものだという点です。

安全在庫はあくまでも過去の需要変動の実績を使うため、未来においても同様に変動が発生することが前提となっています。一方で、**戦略在庫はシナリオ分析におけるレンジ・フォーキャスティングが前提**となります。

例えば、パンデミック後にいつ、どれくらいのペースで訪日客数が回復していくのかはかなり不確実性が高く、過去に同様の事例はありません。そこで、訪日客数の回復について複数のシナリオを想定し、それぞれにおける需要を予測するのです。

ここで重要になるのが因果関係をベースとする因果モデルです。

因果モデルは需要の原因となる複数の要素の関係性が整理されたものですが、その一変数として訪日客数があれば、その入力値を変化させることで複数の予測値を提示できます。ワンナンバーのわかりやすさを重視する企業ではこうした発想にはなりにくいのですが、不確実性が高い業界では高い競争力を生む考え方になります[129]。

未来の市場環境の変化だけでなく、新たに実施する予定のマーケティングプロモーションを考慮したレンジ・フォーキャスティングなども有効で、こうして予測した需要変動を踏まえて計画するのが戦略在庫という概念です。

これを提案するには高い需要予測スキルが必要であり、どの企業でもすぐに導入できるものではありません。かつ、定期的にＰＤＣＡを回し、対象品や在庫計画を更新し続けることも必要になります。

もちろん、安全在庫と戦略在庫を用意する商品は別にし、一つの商品に対して両方を持つわけではありません。戦略在庫はサイクル在庫と安全在庫だけではカバーできない未来の需要変動への備えができるため、使いこなせれば高い競争力を生み出します。

持つべき在庫＝サイクル在庫＋それ以外のどれか一つの在庫

現実に発生する「想定すべき在庫」

これら4種類の在庫について、それぞれ持つべき日数を計算することが可能です（図4−1）。

サイクル在庫はオペレーションサイクルによって決まりますし、安全在庫は過去の需要や予測誤差から計算することができます。ロット在庫も商品別に需要規模とＭＯＱを管理

図4−1 各種在庫と対象品

在庫の種類	対象商品	日数の考え方
サイクル在庫	全商品	オペレーションサイクルに合わせる
安全在庫	ロット在庫、戦略在庫の対象以外	過去の需要や予測誤差のばらつきとリードタイムで計算
ロット在庫	需要規模がMOQよりも小さい商品	需要規模とMOQから計算
戦略在庫	プロモーション対象・主力商品	レンジ・フォーキャストと各シナリオにおける品切れと在庫のリスクを評価して決定

できていれば、算出するのはむずかしくありません。戦略在庫はレンジ・フォーキャスティングとそれに基づく在庫評価が必要ですが、本書で整理している予測スキルがあればできます。

すべての商品について、サイクル在庫とその他の3種類のうちのどれか1種類を加えたものが、「持つべき在庫」となります。

しかし、これだけでは在庫計画は不十分です。なぜなら、ここまでの話は需要予測が完璧に当たった場合の在庫しか計算していないからです。

現実のビジネスでは必ず予測誤差が発生します。そこで、計画するのではなく、想定しておくべき在庫というものが出てきます。

5．予測誤差によって発生する在庫

予測よりも実績が小さいと、余分な在庫が発生します。もちろん、これはそれがわかった時点で次の生産や発注の量を減らすことで調整するでしょう。

しかし、すべての商品についていつでも明日の生産を止められるということはなく、生産リードタイムだけ先の生産を調整することになります。そのため、それまでの期間は予測誤差分の在庫を管理することになりますし、さらにその期間で予測誤差が積み重なっていきます。もちろん、予測よりも実績が大きいタイミングがあれば、その分は減るでしょう。どちらにせよ、予測誤差によって在庫計画は狂ってしまうのが一般的なのです。

この予測誤差と在庫の関係[130]は、企業ごとの生産、調達リードタイムや安全、戦略在庫の持ち方によって変わってきますので、一度は自社の予測精度を整理してみることをおすすめします。

6．終売時の在庫残

また、新商品の発売や需要の減少などによって、終売になる商品があるはずです。在庫がなくなり次第販売終了という契約を顧客と結べるのであれば在庫を減らすことが可能ですが、新商品との入れ替えがあるビジネスではむずかしいでしょう。

多くの業界で、終売時には在庫残が発生しているはずです。これを精緻に見込むためには、終売のドライバーとなる新商品の発売計画を考慮する必要があるかもしれませんし、翌年の終売計画を早期に入手して加味する必要もあります。

食品では消費期限の関係で販売できなくなった在庫残も発生するでしょう。食品でなくても、終売時には小売店や卸店からの返品がある場合も多いと言えます。ただし、これらが早期に償却されるのであれば、在庫計画としては考慮しなくてもよいかもしれません。このあたりはビジネスモデルに合わせてアレンジが必要な部分になります。

7．前年からの過剰在庫残

例えば新型コロナウイルスの影響で急遽発生した過剰在庫など、前年からの不要な在庫が残っている場合があります。在庫計画にはこれらも加味する必要があります。

これを目標に加味するには、この分は仕方ないとアピールするためではありません。**なんらかの方法で早期に消化すべき在庫の量を可視化するためです。**一旦可視化したうえで、これをどうやって消化していくかを考え、在庫計画に反映するのです。

業界によって、これら以外にも考慮するものもあるでしょう。

図4-2 在庫計画モデルの積み上げイメージ

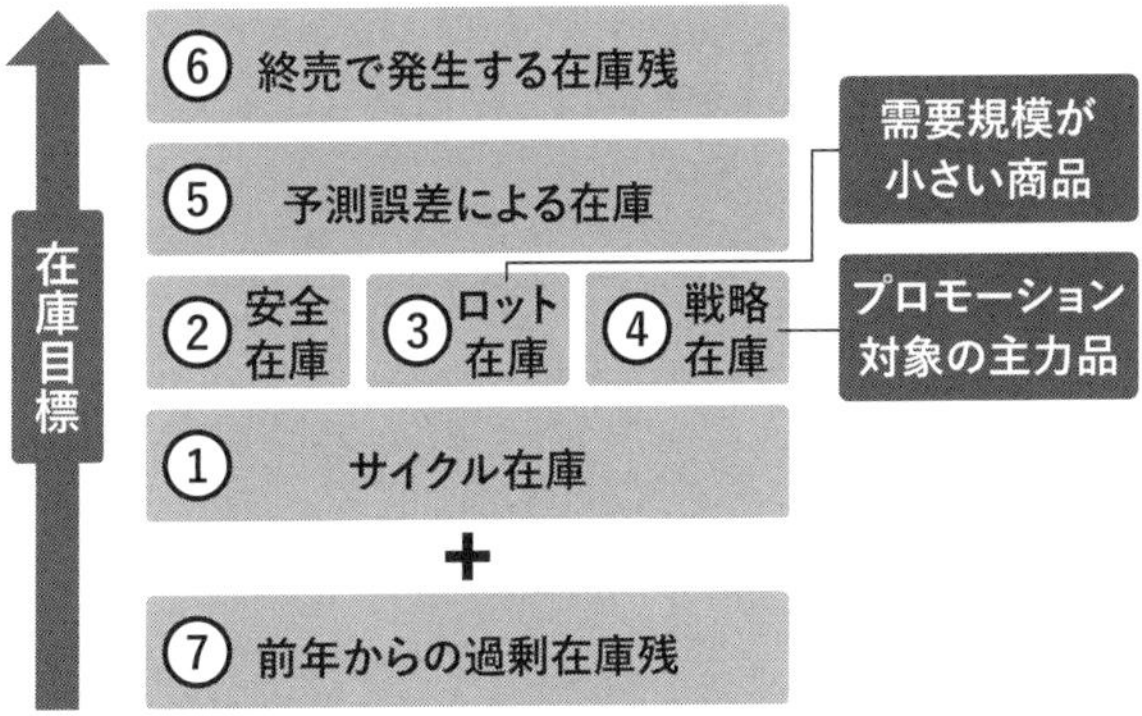

例えば**期首に大型の新商品が発売される場合は、その前の期末には在庫を用意しておく必要があり、これも在庫目標に加味します。**多くの業界において、ここまで細かな粒度で在庫計画を分解し、立案している企業は少ないです。

このように在庫の種類を細分化して、それぞれの発生のメインドライバーについて考慮しながら計画を立案するのは簡単ではありません。しかし、この在庫の種類別計画モデルには大きなメリットがあります。それは需給コントロールアクションの検討のしやすさです。

需給コントロールのアクション設計

在庫の種類別に計画を数値化でき、それらの定義と発生のメインドライバーが明確になっていると、需給をコントロールするアクションを具体的に考えることができます。

特に後半で説明した想定すべき在庫の方です。実際にはブランド別やカテゴリー別、事業別（国別）などで立案し、それぞれの商品数や新商品の売上構成比、現在の在庫状況、市場における供給戦略、海外からの調達比率などを考慮します。

例えば予測誤差によって発生する在庫はBiasから計算します。MAPEも含め、予測精度の指標はブランド別やカテゴリー別だけでなく、新商品か発売後2年以上経過しているかなど、商品のライフサイクルでも分けて管理できるようにしておくとよいです。

過去のMAPEやBiasが高い（精度が悪いまたは大きく偏っている）領域について、何をアクションすることでどれくらいまでの改善を目指すのかを考えることができるためです。第3章の需要予測レベルの診断フレームワークのところでも述べた通り、予測精度の改善には様々な切り口があり、業界や現状によってアクションの優先順位が変わります。予測誤差によって発生する在庫の目標設定は、需要予測レベルの診断フレームワークとセットで検討するのが有効です。

他にも、前年からの過剰在庫への対応アクションも具体的に検討します。

消費期限内のものであれば、需要予測から来年の減少を想定できます。同時に、来年の需要でも消化できないものも可視化できます。これについては追加のアクションを考えなければなりません。ここで打てる手は業界、企業によって大きく異なるでしょう。

例えばハイブランドのアパレルや化粧品では、価格を下げて需要を刺激するといったアクションは、ブランドイメージを毀損《きそん》する懸念があり、採用しづらいです。

一方で、低価格の日用雑貨品ではダイナミックプライシング[131]と呼ばれる、需要に応じた価格変更で在庫消化を促進することが行われます。これはサービス業でも少し前から始まっていて、スポーツ観戦やテーマパークでも[132]客数予測を基に価格を変更し、設備活用の効率性を高めようとしています。

在庫目標は一方で、顧客へのサービスレベルや競合の水準、その企業の過去の水準なども踏まえて、全体感から考えることも必要です。

ここで紹介した積み上げモデルの算出結果と、これらマクロ視点での在庫水準とのバランスを考慮しながら、戦略在庫の対象品を検討します。場合によってはロット在庫を削減するため、ＭＯＱを見直すというアクションも出てくるかもしれませんが、これについては先述の通り、原価上昇とのバランスも考慮する必要があります。

以上のように、単に過去からの推移だけで在庫目標を考えるのではなく、在庫の種類別に分解し、それぞれの発生のメインドライバーを整理して立案するモデルを活用すること

図4−3 在庫の種類別削減アクションの検討例

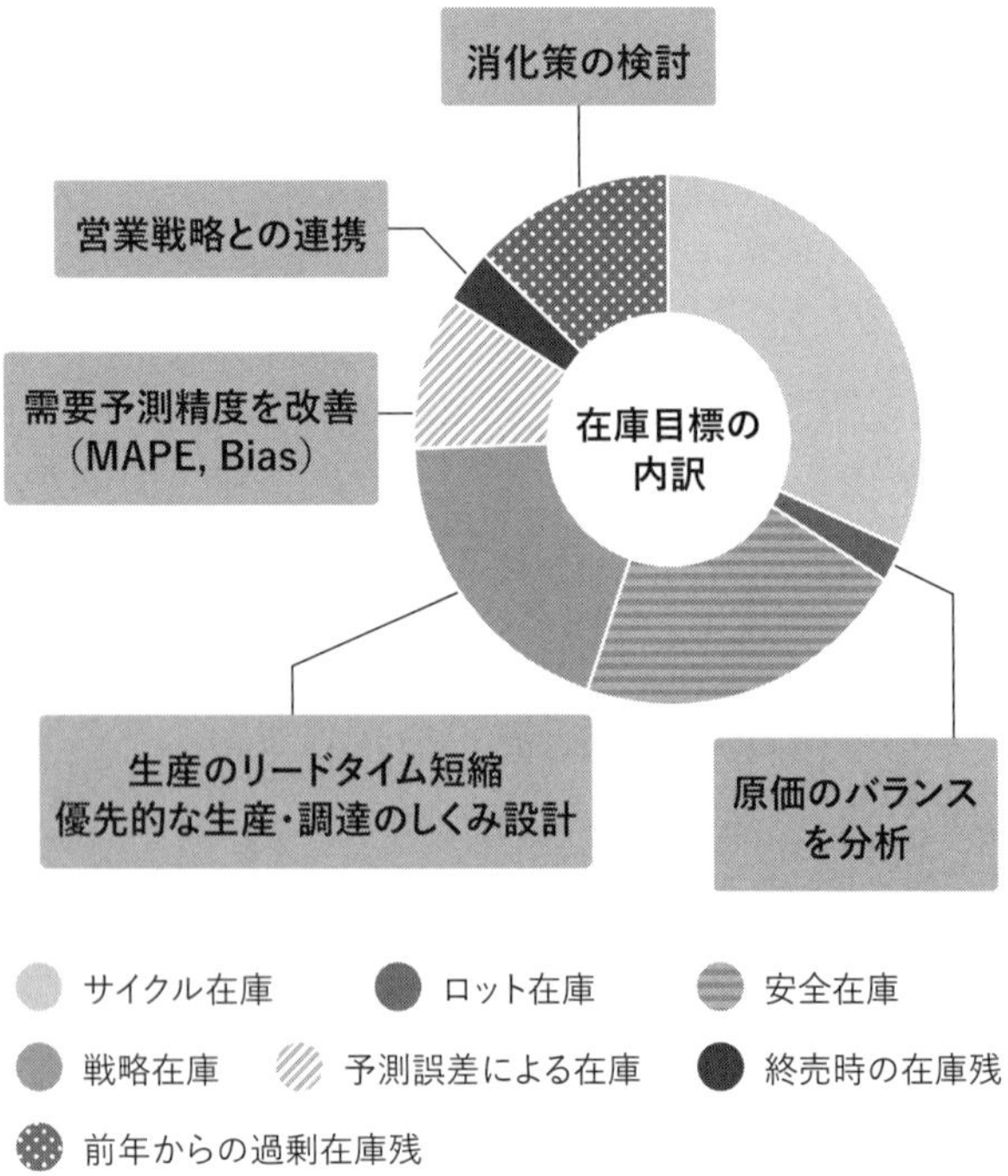

在庫の種類に合わせて具体的なアクションを検討する

で、在庫をコントロールする具体的なアクションを検討することができるようになります。

ここには予測精度やサービスレベルの考慮なども含まれ、在庫だけを見るのではなく、需給をどうコントロールして企業の売上、利益拡大を支援していくかを検討することになります。実際の在庫日数計画モデルの設計には、業界、企業ごとの特性を考慮してアレンジする必要があるため、ここではあえて一般化し、詳細は記述していません。

在庫を種類別に分け、その発生ドライバーを整理し、具体的なアクション検討につなげるという発想を参考にしていただければと思います。

4-2. 予測対象は商品から顧客へ

ケース⑫

「あるECサイトで気になっていた書籍が10%割引になっている。最近周りで話題になっている本なので隣の席の同僚にも教えたが、その人が見ても割引は表示されていなかった。このサイトにおけるこれまでの購入金額による特典とも書いていない。これは誰かが私に送ってくれたプレゼントなのだろうか。少し気味が悪い……」

解説はP176傍線箇所

キーワード ID-POS、顧客別需要予測、マーケティング最適化

センシングが変える需要予測

これまでの需要予測のモデルは、ある市場全体、月単位など、比較的大きな粒度を対象としてきました。なぜなら予測ロジックのメインは統計学であり、第1章で紹介した通り、予測のグラニュラリティやバケットが大きいほど精度がよくなるからです。

そのため、需要予測領域におけるＡＩ活用では、よりバケットの小さな日別予測や、より狭い特定エリア内をターゲットにしている傾向が見られます。考慮しなければならない要素が細かく、多くなるほど人の手には負えなくなり、ＡＩの優位性に期待することができるからでしょう。

ここで重要になるのが**データのセンシング**です。この技術が進歩した結果、工場や物流センターで製造や作業工程における異常値の検知や進捗の可視化などができるようになってきています。

市場サイドでもＥＣの売上が拡大する中で、顧客一人ひとりの属性と購買行動がひもづけられるようになってきました。ＥＣと実店舗での購入を結びつけるＣＲＭ[133]にもリソースが割かれるようになっています。

これはオムニチャネル[134]化とも呼ばれますが、顧客にとってはどこで購入しても、例えばポイントを統合できたり、過去の購買履歴を確認できたり、ストレスのない体験ができることを目指すものです。メーカーや小売企業にとっては、細かな情報を統合することで、より価値のあるデータ分析ができるようになります。

需要予測の精度を高める一つの重要な要素、データにおいては、ＰＯＳデータの活用が競争優位を高めてきました[135]。単に出荷データだけで予測するのではなく、消費者の実際の需要に近いPOSデータを分析することで、より確からしく需要の実態を掴むことができるからです。

ただPOSデータの欠点は商品軸であることです。あくまでもいつ、どの商品が購入されたかを示すデータです。ここに上記のような顧客情報がひもづけられると、どんな人が購入したかを把握することができるようになります。これはID－POSと呼ばれますが、POSデータよりも豊富な情報を持ち、需要予測だけでなく、マーケティングへの活用も始まっています。

こうしたデータの活用で重要なのが、**技術の進歩によって新たに入手できるようになった情報をどう活用するかというデータ起点の発想と、どういう分析、予測をしたいからどんな情報をセンシングすべきかという分析起点の発想の両方が必要**だということです。

この思考の往復をくり返しながら、より多くのデータを使ってどんなビジネス価値を生み出すかを考え続けることが競争力になるはずです。

統計的視点が予測精度を高める

予測とは類似性判断だと考えています。これは行動経済学の研究知見[136]でも支持されていて、**予測精度を高めるためには統計的な視点、行動経済学の用語では基準比といいます**

が、過去の類似事例の平均的な水準をベースとして考慮することが有効です。

例えば新商品の需要予測においても、一部の消費者への調査結果や、マーケティングプロモーションの想定効果からの組み立てだけではなく、商品の特徴（機能やブランド、価格帯、色や味など）や販売チャネル、プロモーションの内容や規模などが類似するベンチマーク品の実績を参考にすることが精度を高めます。

これを私はベース・フォーキャストと呼んでいますが、予測においては類似性判断に基づく統計的な情報を無視してはいけないということです。実際の需要予測ではこのベース・フォーキャストに未来の計画的な要素を加味していきます。

第2章で紹介した、私が開発に関わった新商品の需要予測ＡＩの事例は、商品とマーケティングの類似性分析をベースとするものです。このＡＩの学習方法は機械学習でしたが、その中でよく使われていたアルゴリズムは決定木系でした。

これは類似性によって分類していくロジックです。ブランドは何か、どのカテゴリーに含まれるか、価格帯はどの水準か、投入されるマーケティング投資の規模はどのランクか、といった様々な切り口で過去に発売された大量の商品を分類します。新商品が持つ属性や実施されるマーケティングプロモーションから、どこかのクラスに分類され、同じクラスの需要規模から新商品の需要が予測されるというイメージです。

重回帰系のアルゴリズムもアンサンブルで組み合わせることが多いですが、これも需要の因果関係が類似していることを前提として、同じ要素を使って予測するものです。

これらの類似性判断に使われているのが、商品の特徴やマーケティングプロモーション、市場の状況を表す様々な項目でした。「市場の状況」とは、競合ブランドも含めた同じカテゴリーの市場規模や、直近の訪日客数、パンデミックの最中であれば新規感染者数などが含まれます。

ID－POSのセンシングは、ここに顧客軸の類似性判断を加えることになります。イメージしやすいのはAmazonのレコメンドシステムでしょう。

メンバー登録している顧客の情報には様々な項目があります。生年月日から年齢がわかりますし、住所から居住地域もわかります。年収はわかりませんが、どんなカテゴリーにどれくらい支出する傾向があるのかを分析することもできるでしょう。この他にも購買頻度や最近いつ買い物をしたかもわかります。すべてを一人のIDとして管理できるため、顧客間の類似性を評価できるのです。これと商品の類似性をかけ合わせることで、顧客のタイプごとの嗜好を分析します（**図4－4**）。

ここでも第2章の2－2で述べた通り、ビジネスプロフェッショナルの知見に基づくデータづくりが競争力を生みます。例えば化粧品であれば、ブルーベースとイエローベース

図4−4 顧客属性の類似性から書籍の購買を予測する

属性	顧客A	顧客B
年齢	40代	40代
職種	音楽業界	テレビ業界
書籍の年間購入金額	3万円	4万円
購入頻度	月1回	月1.5回
最近の購買時期	先月	先週
好きなジャンル	音楽・エンタメ	音楽・経済

各種属性が似ているほど、同じ書籍を購入しやすい？

という肌色の傾向があります。これと大人顔、幼顔といった顔のタイプの組み合わせによって、似合うメイクアップの色味が異なると言われていて、[137]こうした顧客ごとの肌色、顔のタイプ情報もＩＤ－ＰＯＳにひもづけられるとより深いマーケティング分析が可能になります。

一部の化粧品メーカーではより詳細な肌測定ができるツールを開発していて、肌タイプなども分類できるため、今後はこれらをビッグデータとして分析できるかという発想やスキルが競争力になるでしょう。

こうしたＩＤ－ＰＯＳを基に、ある特定の顧客にはどんな商品をレコメンドするのがよいかを考えることができるようになります。ECだけでなく、実店舗における購買行動もID−POSにひもづけられるようになると、新商品の需要予測にも新たに顧客軸の類似性判断を加えることができます。

個数予測から確率予測へ

顧客の類似性判断を需要予測に加えると、一人ひとりの顧客がその商品を購入しそうかどうかを予測し、それを合算するというロジックになります。ただしこれはID−POSを前提としているので、新たに会員登録するメンバーの需要は、別途推計することになる点には注意が必要です。

しかし最近では、様々なポイントカードが定着しています。それも一つのチェーンだけでなく、業界を横断して協働している事例もあり、様々な業界でID−POSが整備されていると言えるでしょう。特に顧客の顔が見えているブランドビジネスでは、新たな価値を生み出せる可能性が高いと考えています。

ここで新たに取り入れる視点が確率予測です。一人ひとりの消費者が何%の確率でその商品を買うかを予測するということです。基本的には50%を超えた場合を「買う」として予測値を算出することになるでしょう。この予測結果と過去の売上実績を比較して、モデルの予測精度を評価しますが、注目すべきははずれている商品です。ＡＩだけでなく、時系列モデルの予測でも因果モデルの予測でも同じなのですが、**予測がはずれた商品に着目することで新たな発見があります。**

50％を超えた顧客の人数を使って予測した値[138]が、過去の実績よりも少なかったとします。過去の実績を説明するためにどれくらいまでこの確率を下げるかを調べたところ、20％だったとしましょう。

するとこの商品に限っては、購入確率が20％の顧客もかなり購入した、ということがわかります。そうした商品の特徴や、その時のマーケティングプロモーションについて考えることで、購入確率を大幅に引き上げるポイントが見えてくるかもしれません。

時系列モデルでも、過去の予測値と実績が大きく異なっているポイントは、なにか特別なイベントが発生した可能性があると解釈できます。これが需要変動を生む要素なので、そこから知見を創出することができるのです。

因果モデルでも過去の実績を説明できない商品があった場合、その需要の背景を考えることで、新たに考慮すべき原因要素を特定できるかもしれません。

予測モデルはただ精度を求めるために構築するのではなく、こうしたアノマリー[139]と呼ばれる、外れ値的なものを発見するのにも有効活用できます。外れ値は予測を行う場合は補正や除去の対象となりますが、分析の際には着目すべき重要なポイントとなり、そこに新たな需要の背景があるかもしれません。

確率で予測すると、こうした分析をより深めることが可能になります。さらにこの確率予測から、マーケティング投資の最適化を図ることもできるのです。

ROMIを高めるAI予測

マーケティングの投資の効率性を評価する指標として**ROMI**[140]が知られています。

ＲＯＭＩは投資対効果であるＲＯＩとは異なり、将来得られるキャッシュフローの価値が現時点では低くなるという時間価値が考慮されていて、かつどれくらいの期間で投資を回収できるかという視点も加えられているものです。

具体的な財務指標で言うと、ＮＰＶ、ＩＲＲ、投資回収期間の3種類です。これらの詳細は本書のスコープからはずれるため、きちんと学びたい方はビジネスパーソン向けの解説書[141]などを参考にしてください。

ＲＯＭＩによるマーケティング効果の検証で重要なのは、ナレッジマネジメントと感応度分析だと述べられていて、実はこれは需要予測と同じです。

本書でも述べてきた通り、ビジネスにおける需要予測は意思決定であり、ＡＩを活用しても、最終的には人が判断します。この判断は予測に基づくのですが、精度を高めるためには知見の創出と蓄積、活用という、第2章の2－1でも紹介したナレッジマネジメントが極めて重要[142]です。

また、感応度分析とはシナリオ分析におけるレンジ・フォーキャスティングと同様で、モデルにおける各種条件を変えた時に、マーケティング効果や需要予測がどう変化するかをシミュレーションするものです。

このＲＯＭＩの考え方を踏まえると、マーケティングプロモーションにかける費用に対し、できるだけ多くのキャッシュフローを短期間で生み出すことが重要と言えます。

新商品のプロモーションにおいて、これからますますＩＤ－ＰＯＳを使った分析が増えてくるでしょう。誰にどんなアプローチをすると商品を購入してもらえそうかを考えるようになるということです。ここに先述の顧客軸の確率需要予測ＡＩが貢献できると考えています。

このＡＩ予測モデルでは、顧客ごとに購入確率を予測します。ここから、50%には満たないものの、一桁や10%程度の顧客と、30～40%の顧客を分けることができます。限られたマーケティング投資をどちらにしぼり込むかは明快でしょう（次ページ**図4－5**）。

また、プロモーション内容を細かく分類し、フラグづけをしてデータを蓄積すること

図4-5 顧客軸の需要予測AIがROMIを高めるイメージ

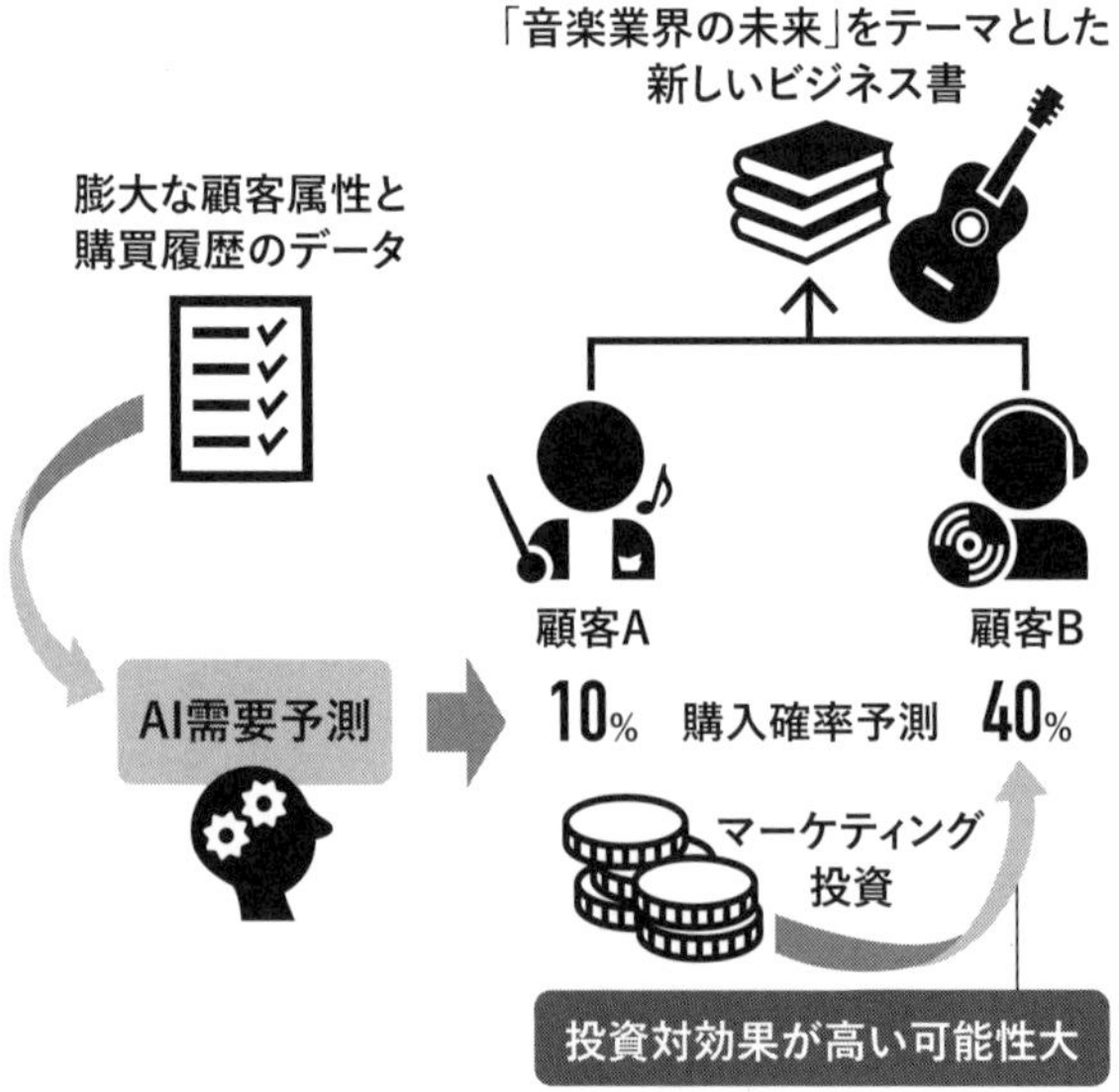

で、顧客ごとのプロモーションへの感応度（反応度合い）を分析できるようになるかもしれません。これもデータセンシングの一例です。

需要予測におけるデータセンシングで重要なのが、単にシステムで細かなデータを集めることではなく、需要の背景を踏まえた新しい種類のデータを定義し、収集を始めることです。

ここで紹介した**顧客軸の確率予測ＡＩの新しい点は、需要を予測するだけで**

なく、需要を創り出すために活用できるということです。

需要予測はこれまで、客観的なデータ分析に基づくDemand Forecastingと、それをベースに未来の計画的な要素を加味してつくるDemand Planningに分けられていました。[143]

新商品の確率予測ＡＩは一つのアイデアに過ぎませんが、ＡＩがこのような示唆を提供できるようになってくると、予測を基に需要を創り出していくという発想、Demand Creationという概念が企業の競争力を生み出していくはずです。

私がここで提唱した新商品需要予測における顧客軸の確率予測ＡＩだけでなく、マーケティングターゲットのしぼり込みや小売店におけるダイナミックプライシング、商品特徴とマーケティングアクションの効果の関係分析、新たな流通チャネルの開拓などへも需要予測ＡＩが使われ始めています。[144] そしてこれを主導できるのは、顧客、市場、商品に精通したビジネスプロフェッショナルです。

4―3.「未来の消費」を創る需要予測

ケース⑬

「あるハイブランドのマーケターが、パンデミック最中の春に、ハンドクリームを新配置するという提案をした。手洗い習慣が見直される中で、改めてハンドクリームの価値を発信していくべきだという主張である。需要予測を依頼された専門チームは、競合ブランドも含め、様々なブランドのハンドクリームの需要データを分析したが、春夏はオフシーズンであり、高価格帯での参考データも極めて少ない状況だった。パンデミックの影響で売上が下降し、不要な在庫も増えてきている中、この投資の延期や見直しを提案すべきだろうか？」

解説はP189、P190傍線箇所

キーワード▼ 2次のカオス系、センスメイキング理論、デマンドクリエイション

予測で変わる未来

「予測が未来を変える」と言ったらみなさんはどう思いますか？

なにやら怪しい議論になりそうな気配ですが、実は経営学の研究でも、未来は変えることができるといった知見が出てきています。本書最後の締めくくりとして、需要予測で未来のビジネスを創っていくという発想を提唱します。

ちょっとした初期条件の違いで結果が大きく変わってしまうような環境を**カオス系**と言います。[145] モノやサービスの需要も、自社のマーケティングだけでなく、競合の商品配置やインフルエンサーからの情報発信による顧客心理の変化、自然災害やパンデミックなどの外部環境変化、サプライチェーンにおける供給制約など、様々な条件の影響を受けます。ここから私は、需要も一つのカオス系だと捉えています。

さらにカオス系には2種類があると指摘されています。[146] 一つは天気や地震などで、これは人が予測をしても未来は変わりません。もう一つは**政治や災害、交通渋滞などで、これは予測が出されると人の行動が変わる可能性があり、これによって未来が変わりうるもの**です。前者を1次のカオス系、後者を2次のカオス系と呼びます。ビジネスの需要予測は2次のカオス系の側面があるのではないでしょうか。

ニューヨークにあるセントジョーンズ大学のChaman L. Jain教授は需要予測に関する

様々な研究を行い、論文や記事として専門誌に発表していますが、その中で需要予測は目標ではなく予算でもないと定義しています[147]。

しかし、特に新商品やプロモーションの対象となる主力商品の需要予測は、マーケターや営業担当者、ファイナンス部門などとも情報を共有し、各種アクションの効果を加味するため、目標とは完全に切り離せないのも事実です。商品別の需要予測と企業の目標である事業計画は別物ですが、これが大きく乖離していると利益を操作していると見なされるリスク[148]もあり、ある程度は整合させる必要もあります。

例えば新商品の需要予測について、デマンドプランナーが統計的な視点でベース・フォーキャストを作成し、マーケターがプロモーションを考慮してそこに上乗せするとしましょう。この過程で、ブランド全体の売上計画における新商品の構成比などをファイナンス部門と確認します。

ここでブランドの目標に達しないことがわかった場合は、マーケティングプロモーションの内容を見直す必要が出てくるかもしれません。さらにこれがエリア別に展開、提示されると、その営業担当者はどうやって計画を達成するかを考えることになります。

つまり、**提示される需要予測を基に、営業現場でのアクションが組み立てられるのです。**この一連のプロセスから、需要は目標や予算から予測するものではないものの、それ

図4−6 2次のカオス系

渋滞予測
災害予測
混みそうなら
出発時間を早めるか
事前の対策
をしておこう
予測で人の行動が変わり
未来を変える
ここまで売るには
何をすべきだろうか
新商品の需要予測

らを意識してマーケティングアクションを組み立て、数字をつくっていくという側面があることがわかると思います。

第2章では需要予測AIを取り上げ、精度を高めたり実務で活用したりする考え方について紹介しましたが、この予測精度が高まっても今の需要予測を単純に置き換えることにはならないと考えているのは、2次のカオス系の側面を考慮しているからです。

データ分析を磨くより、動け

新商品の需要だけでなく、パンデミックのように劇的な環境変化があった場合、統計学やAIを使っても予測がむずかしいことはすでにお伝えしました。

需要に影響する新たな要素が追加されると

予測ロジックのバイアス、つまり考え方の確からしさが低下するからです。

また、新しい環境下における各要素の需要への影響に関する情報が少なくなるため、各影響度のノイズ、つまりばらつきが大きくなってしまい、これも予測精度を悪化させる要因となります。

加えて、そもそもどうしても知りえない未来の変化、「客観的無知」が存在することも頭に入れておく必要があります。ＡＩや高度な統計学を駆使しても、次のパンデミックや自然災害がいつ、どれくらいの規模感で発生するのかをピンポイントで予測することはできません。情報の不確実性が高い条件下では、高度なデータ分析技術を用いても予測精度の向上には限界があると考えておく方がよいでしょう。

実際多くの企業において、発売後の実績がわかっている既存商品よりも、発売前の新商品の需要予測の方がむずかしいと課題に挙げられています。

第1章の1－2で紹介した通り、**世界の様々な業界の需要予測の誤差率は、商品別、数ヵ月先で30％程度です。これに対し、新商品は50～80％と言われます。**[149] 私が見てきた事例では、プロモーションの対象にならない既存商品は数ヵ月先でも一桁の誤差率である場合も多く、やはり情報の不確実性が高い新商品はかなりむずかしい印象です。

しかしここで需要予測のシステムやプロセス、人材採用も含めたスキルの強化によってこれを改善することにリソースを割き過ぎることには賛成しません。冒頭で述べた通り、新商品の需要予測には2次のカオス系、つまり目標の影響を受ける側面があり、それによってマーケティングや営業領域のアクションが組み立てられるからです。過去よりも大きな売上やシェアを獲得することを目指し、結果として需要が牽引されるということが起こってきたはずです。この意味では需要予測が企業の成長を主導してきたとも言えるでしょう。

実際、**環境の不確実性が高い場合には、精緻なデータ分析に時間をかけ過ぎるのではなく、まずはアクションしてみることが有効だという研究結果**[150]**が示されています。**これは**センスメイキング理論**と呼ばれますが、不確実な環境でも納得感のあるストーリーによって一致団結し、とにかく動き出すことが競争優位を生み出すというものです。

冒頭のケースで挙げた例で考えると、夏にハイブランドからハンドクリームを発売するという、過去にあまりなかったチャレンジをする場合、関連しそうなデータを集めてもあまり需要予測には役立たない可能性が高いです。しかしパンデミックで手洗い習慣が見直される中、手荒れを防ぐためにハンドクリームの価値を発信していこうというストーリーは納得感が高いものです。

そこでまずはざっくりとした需要予測[151]に基づいて商品を準備し、発売してしまいます。ここですぐに実績データをセンシングすることが極めて重要になります。

アナリティクスを超えるアジリティ

少しでも需要に関するデータを入手できたら、これを基に需要予測をリバイス[152]し、サプライチェーンを動かします。第1章の1－3でも少し紹介した通り、私はこれを**アジャイル・フォーキャスティング**と呼んでいますが、

1. 早期に市場変化を察知する

2. 素早くデータを分析して需要予測を更新する

という2種類のスピードが重要になるという概念です。不確実な環境下では、この需要予測のアジリティが事前の精緻なアナリティクス（分析）を超える価値を生み出すと考えています。

パンデミックの中では夏でもハンドクリームの提案が広く受け入れられるかもしれません。その場合は素早く増産します。逆にあまり売れなかった場合はその要因を分析します。

この時点では顧客の反応を分析できるので、発売前よりもずっと正確な顧客心理を把握できるはずです。価値の伝え方を見直すべきなのか、環境が変わっても夏のハンドクリーム需要は小さいのか、顧客の反応を基に考え、素早くアクションの方針を変更するのです。これに合わせて生産や調達、ロジスティクスも調整します。

後者になった場合でもこれは失敗ではありません。夏にハンドクリームを提案するという新しいアクションによって、競合は持っていない新しい知見を得ることができるからです。

夏用にさっぱりとした感触のジェルタイプのハンドケア商品をつくろうという案が出てくるかもしれませんし、消毒液に小型のハンドクリームを添付して、まずは一緒に使ってもらうというプロモーションが考えられるかもしれません。不確実な環境ではこうしたアジャイルなトライアンドエラーが競争力を生み出すというのが、センスメイキング理論の考え方です。

これは市場に働きかけているとも解釈することができます。事前に一部の顧客の反応を調査して、売れそうだから発売するという発想ではなく、**新しい提案を市場にぶつけてみて、その反応を見ながら試行錯誤するという発想の転換**になります。

第3章の3−3で紹介した通り、需要予測のセンスがある一部の人は超予測者と呼ばれます。これは「一部の人が予測に卓越しているのはなぜか、また予測精度を向上させるにはどうしたらよいか」を調べることを目的に、行動経済学者3名が主導した2011年のプロジェクト[153]で発見されました[154]。

超予測者はもちろん数字に強いのですが、最も際立っていた特徴は**予測を更新する意識**だったそうです。

人は自分の考え（予測）を支持する根拠に意識が向きがちになり、反証には目を向けないという確証バイアスが知られています。しかし超予測者はこうしたバイアスも学んでいて、常に新しい情報を探し、それを分析することで自分の予測をリバイスし続ける傾向があるのです。需要予測で言えば、常に市場の変化をセンシングし、素早く分析することで仮説を変え、予測値を更新するということです。

納得感のあるストーリーを描けるか

需要予測と聞くと、どうしてもその精度が気になり、ロジックやシステムの高度化やプロセスの変革、スキルの高い人材の採用や育成に目が向きがちになります。しかし新商品に限らず、市場の変化が速くなり、不確実性が高まる中ではむしろ、**市場や顧客の反応を早期にセンシングできるしくみを整備し、予測スピードを高めるシステムに投資することが有効になるでしょう。**

そのためには市場の変化がどんなデータに表れるか、データから顧客心理や行動の変化を想像できるかといった、ビジネス知識と想像力を持ったビジネスプロフェッショナルを育成することが重要です。

アジャイルに動き出すためにはストーリーの納得感が重要だという話もしました。これも市場や顧客について熟知していないと描けません。

またこのストーリーにも仮説があるはずであり、それも市場や顧客の反応を見てリバイスし続ける必要があります。ここに需要予測が貢献できます。ぼんやりとしたストーリーに説得力を与えるには数字が必要[155]であり、それは市場の変化を適切に捉えた需要予測なのです。

需要予測を担うビジネスパーソンに必要なのは、

1. 需要に関するデータのオーナーシップ
2. 需要予測のアカウンタビリティ
3. 需要予測に関わるステークホルダーからの信頼感

と言われてきました。

ここで言うデータのオーナーシップとは、社内のシステム管理のことではありません。市場や顧客心理の変化をモニタリングするデータを定義することや、それをいつでも分析できる環境を提案する力です。

予測値のアカウンタビリティを高めるためには、予測ロジックについて詳しい必要もありますが、それ以上にステークホルダーのミッションを理解することが重要です。相手のミッションも踏まえ、需要予測でどんな価値を提供できるかを考え、それに合わせて予測

図4−7 需要予測から需要創造へ

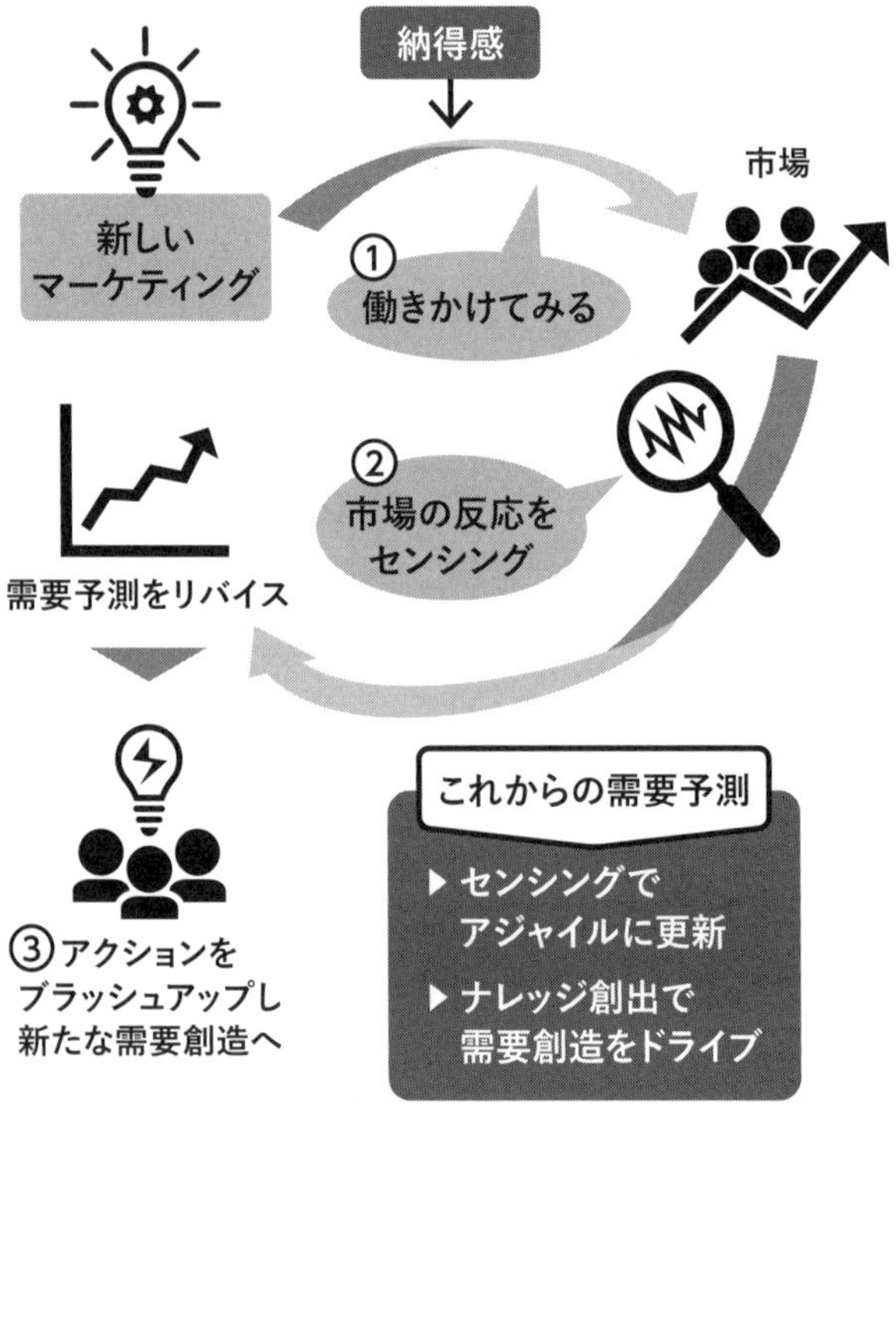

値を解説しなければなりません。

これを続けていくことで、マーケティングや営業、ファイナンスやエグゼクティブなど、様々なステークホルダーから信頼を得ることができます。信頼を得られれば、需要予測を起点としたSCMやマーケティングアクションの再考といった後工程の動きも速くなります。

これまでは需要の創造というと、マーケティングにおける商品開発やその価値を伝えるプロモーションが思い浮かびやすかったと思います。しかし市場がグローバル化し、消費者の嗜好も多様化した不確実性の高い環境下では、調査や分析に時間をかけ過ぎるのではなく、新たな技術を駆使してデータのセンシングと解釈のスピードを高め、アジャイルに行動を変えていくことが競争力を生み出すはずです。

つまりこれからの需要予測に必要なのは、**予測に必要なデータのセンシングから提案し、複数のシナリオにおけるレンジ・フォーキャストを素早く更新して、新しい需要の創造をドライブする**という意識なのです（**図4－7**）。

みなさんも需要予測のスキルを磨き、ステークホルダーから信頼を得ることで、新たな需要創造をリードしていってください。

第4章のポイント

▼ 在庫を解説した書籍やウェブサイトは多いが、在庫計画の立て方を提唱しているものは極めて少ない

▼ コスト削減ではなく、売上や利益の拡大を支援するという発想で在庫を計画することが競争力になる

▼ ID-POSをはじめ、より一人ひとりの顧客に特化した情報をセンシングすることで、需要予測精度の向上やマーケティング投資の最適化を目指せるようになる

▼ 需要の規模を数量で予測するだけでなく、確率で予測できるようになるとマーケティング分析の幅を広げられる

▼ 予測で人の行動が変わり、未来も変えられる可能性がある

▼ 不確実性の高い環境では、市場の反応を早期に捉え、素早く行動を変えることが競争力になり、これをドライブするのが需要予測である

おわりに
Forecasting ERRAの幕明け

本書は当初、2018年から機関誌「LOGISTICS SYSTEMS」[156]に連載してきたコラム「知の融合で想像する需要予測のイノベーション」に最新の知見を加えつつ、整理するつもりでした。

しかし、次々と新しい知見を得て考えを進化させていく中で、結局はほとんどが新しい内容になりました。それくらい、需要予測を進化させるヒントは日々、生まれていると言えます。

このコラムのテーマは、需要予測と離れた領域の知を融合させることで自由にイノベーションを考える、というものです。従来から需要予測と併せて語られてきた統計学だけでなく、人の意思決定や推論のメカニズムに着目して認知科学や行動経済学をかけ合わせたり、組織としてのパフォーマンスに着目して経営理論から考察を深めたりしています。

他にも、例えばマーケティングやロジスティクスなど、需要予測以外のビジネス領域における事例からもヒントを得てきました。

本書で最も伝えたかったことは、不確実なビジネス環境の中では需要予測のスキルが競争力を生むようになり、それは様々な職種、階層のビジネスパーソンが身につけるものだというメッセージです。

本書で言う需要予測のスキルとは、従来のように調査やデータ分析を指すのではなく、需要に関するデータセンシングから予測結果の解釈を踏まえたリスクヘッジ提案までをリードするものでした。

この前提には自社ビジネスの市場や顧客の深い理解があり、各社のビジネスプロフェッショナルの活躍が期待されますが、単にビジネス経験から帰納的に組み立てるだけでなく、アカデミックな知見から演繹的に導くことも意識するとよいでしょう。

また、従来のように予測精度だけに注目するのではなく、センシングとアジリティで需要創造をファシリテートするという発想への転換が重要です。キーワードは Forecasting ERRA[157]（エラ）、需要予測の新時代です。これは本書で提唱した需要予測の新しい４種の概念の頭文字です（左ページ図）。

Edge Forecasting：より細かなセグメントにおけるアジャイルな需要予測

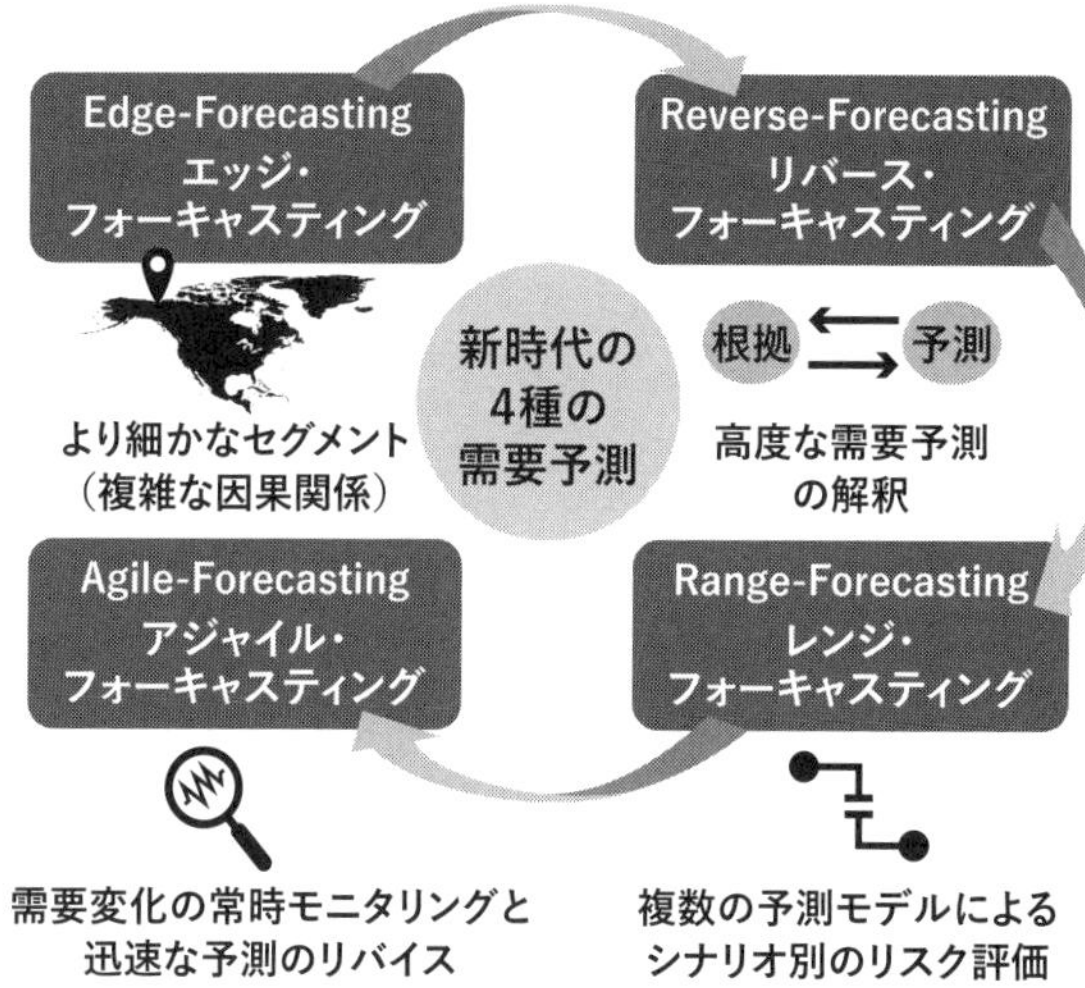

Reverse Forecasting：ＡＩ需要予測を市場や顧客に関する知見を踏まえて解釈すること

Range Forecasting：因果モデルや複数モデルによるシナリオ別の幅を持った需要予測

Agile Forecasting：早期に需要変化を察知し、迅速にリバイスし続ける需要予測

環境の不確実性が増しているという感覚は、実は過去も同じだったのではないかと思います。マスマーケティングが持ち込まれたばかりの頃も、日本市場に合わせて様々なプロモーションが生み出され、市場の反応も最初は読みにくかったはずです。

今は市場の歴史を知っているので、不確実性が低かったように見えているだけなのかもしれません（これは本書でも紹介した後知恵バイアスですね)。

つまり、市場の不確実性が増しているかはわかりませんが、これからも不確実性は高いままになるでしょう。そのため、常に新しい知見を広く学び、ご自身の専門領域とかけ合わせてアイデアを生み出し続けることが競争力の源泉になると考えています。

ここまで読んでいただいたみなさまの感覚通り、私は需要予測マニアです。2010年に予測に携わって以降、1日も需要予測について考えなかった日はありません。政府予算のニュースを見ても、時系列モデルで予測する項目と因果モデルでシミュレーションする項目があるだろうなと考えたり、パンデミックに対する医療業界や各国の新たな動きが次々と打ち出される中で、感染者数の予測モデルはアジャイルに更新し続ける必要があるだろうな、などと想像したりします。

自分の専門領域のアンテナを高くしておくと、どんなことでも引っかかってきます。実務だけでなく、社外のセミナーや書籍(時には小説でも)、他業界の実務家との意見交換、日々のメディアニュースなどにたくさんのイノベーションのヒントが隠れています。そうしたヒントに独自の価値を付加するのは、みなさんそれぞれにしかできません。

ご自身の専門領域の暗黙知をかけ合わせて考えを深め、発信し、他者からアドバイスをいただき、実務で実験するというサイクルがイノベーションにつながっていくでしょう。これもアジャイルな行動と反応のセンシングに基づく思考の更新であり、まさにセンスメイキング理論の実践と言えます。

本書は需要予測をメインテーマとしましたが、ぜひセンスメイキングを意識しつつ、みなさんの専門領域と離れた領域の知を自由にかけ合わせてみてください。みなさんの暗黙知が様々な形でかけ合わさり、形式知として世界に還元されたら、筆者としてこれ以上の喜びはありません。

2022年正月　実家にて

山口雄大

謝辞

需要予測に可能性を感じ、書籍化を推進してくださった株式会社PHP研究所の大隅元《げん》編集長に、この場を借りて感謝申し上げます。大隅さんに発想いただいた各章冒頭のケースで、デマンドプランナー以外の職種の方々にも入りやすい書籍になったと感じます。ありがとうございました。

ONDE A TERRA SE ACABA E O MAR COMECA

「ここに地終わり　海始まる」

—詩人　ルイス・デ・カモンイス

きく乖離していると、利益を少なく見せている、または多く見せていると思われかねない

149　Patrick Bower. “Forecasting New Products in Consumer Goods”. *Journal of Business Forecasting, Winter 2012-2013, P.4-7.*

150　Karl E. Weick, Kathleen M. Sutcliffe, David Obstfeld. *Organizing and the Process of Sensemaking. Organization Science. 16 (4) :409-421.* 2005.

151　高価格帯ハンドクリームのオフシーズンの市場規模（統計的視点）をベースに、予測対象のハイブランドのブランド力や配荷計画、マーケティング投資規模を加味したり、消毒液の市場規模の推移を分析したりしつつ、短期的に目指す市場シェアも踏まえて需要を予測するなど

152　山口雄大『需要予測の戦略的活用』第9章”発売直後の需要予測”。日本評論社。2021

153　GJP: Good Judgement Project

154　ポール J. H. シューメーカー、フィリップ E. テトロック「不確実な時代における競争優位の源泉 超予測力：未来が見える組織」*Diamond Harvard Business Review, January 2017, P.39-48.*

155　ジョン・L・ヘネシー『スタンフォード大学名誉学長が教える本物のリーダーが大切にすること』第8章。ダイヤモンド社。2020

●おわりに

156　日本ロジスティクスシステム協会が四半期ごとに発行

157　era: 1（the ～）（歴史・政治上の）時代。eraは重大な出来事を発端にして区切られる新しい時代の意。（後略）（プログレッシブ英和中辞典　第4版）

135 Chaman L. Jain. “Fundamentals of Demand Planning & Forecasting”. P.233 “WHAT-IF SCENARIOS”. Graceway Publishing Company, Inc. 2020.
136 ダニエル・カーネマン & オリヴィエ・シボニー & キャス・サンスティーン『NOISE 組織はなぜ判断を誤るのか? 上』早川書房。2021
137 肌色診断でメイクレベルUP!イエベ・ブルベのパーソナルカラー似合わせメイク　美的.com（biteki.com）
138 ID-POSを入手できる顧客についての需要予測を基に、入手できていない消費者の分を拡大推計する必要がある。これが大き過ぎると推計時の誤差が大きくなる点には注意が必要
139 マーティン・リーブス，ボブ・グッドソン，ケビン・ウィタカー“競争優位を生み出すアノマリーの力　イノベーションの「兆し」を見つけ出す方法”。*Diamond Harvard Business Review, January 2022, P.26-35.*
140 Return on Marketing Investment：マーク・ジェフリー『データ・ドリブン・マーケティング』ダイヤモンド社。2017
141 西山茂『「専門家」以外の人のための決算書&ファイナンスの教科書』東洋経済新報社。2019
142 山口雄大『需要予測の戦略的活用』第8章”新製品の需要予測”日本評論社。2021
143 Hartmut Stadtler, Christoph Kilger, Herbert Meyr. “Supply Chain Management and Advenced Planning. Concepts, Models, Software, and Case Studies, 5th Edition”. Springer. 2015.
144 Chaman L. Jain. “The Role of Artificial Intelligence in Demand Planning”. *Journal of Business Forecasting, Summer 2021, P.9-13,16.*
145 スティーヴン・ストロガッツ、蔵本由紀監修、長尾力訳『SYNC なぜ自然はシンクロしたがるのか』早川書房。2005
146 ユヴァル・ノア・ハラリ『サピエンス全史　下巻』P.47。河出書房新社。2016
147 Chaman L. Jain. “Fundamentals of Demand Planning & Forecasting”. P.20 “Forecast is not a goal, not abudget, and not a plan.”. Graceway Publishing Company, Inc. 2020.
148 扱う商品数が多い企業では事業計画が商品別ではなく、需要予測を基に売れない見込みの在庫を引当することがある。これが利益を減少させるため、事業計画と商品別の需要予測の積み上げが大

124　Return on Investment Capital：投下資産収益率（マッキンゼー・アンド・カンパニー『企業価値評価 バリュエーションの理論と実践 第6版』ダイヤモンド社。2016）
125　Days of Supply：在庫日数 1）手持ち在庫の評価指標で、在庫数量をその在庫がなくまるまでの期間に変換したもの。…後略…（APICS。第15版　サプライチェーンマネジメント辞典　APICSディクショナリー対訳版。2018）
126　Statistic Safety Stock＝安全係数×需要や誤差の標準偏差×√生産・発注リードタイム。安全係数はどれくらいのサービスレベルを目指すかによって決めるものであり、納品率（1－品切れ率）に関連する
127　需要や予測誤差が正規分布になること
128　Minimum Order Quantality：最小発注量
129　Chaman L. Jain. "Fundamentals of Demand Planning & Forecasting". P.233 "WHAT-IF SCENARIOS". Graceway Publishing Company, Inc. 2020.
130　予測の誤差の特徴は、MAPEとBiasで数値化することができる。APICSによるBiasの定義は一つの商品の特定期間における誤差の合計だが、ここでは期間ではなく複数の商品の誤差の合計としてアレンジする。この場合、Biasが予測誤差による在庫の増減を表現することになる。MAPEが高くてもBiasが0であれば、在庫は増えないように思われるかもしれないが、現実にはこれは継続しない。需要の上ブレで在庫が減ってきた商品は品切れし、実績が小さくなるためにBiasがプラスに大きくなる。筆者が数十を超えるブランドについてMAPEとBiasの関係性を分析した結果、商品別・数ヵ月先をターゲットとしたMAPEが30～35%を超えると、Biasが20%より小さくなることはなかった。また、MAPEが大きいほどBiasも大きくなる傾向も確認できた
131　イトーヨーカ堂、ネットスーパーの配送料に「ダイナミックプライシング」導入　LOGI-BIZ online ロジスティクス・物流業界ニュースマガジン
132　サッカー新スタジアム、値上げで楽しさアップ：日本経済新聞（nikkei.com）
133　Customer Relationship Management
134　オイシックス・ラ・大地の奥谷孝司氏が選ぶ、オムニチャネル戦略への理解を深めた3つの論文　［論文セレクション］おすすめの論文、教えてください（1/1）　DIAMOND ハーバード・ビジネス・レビュー（dhbr.net）

110　Shenghua Luan, Jochen Reb, Gerd Gigerenzer. “Ecological Rationality: Fast-and-Frugal Heuristics for Managerial Decision Making under Uncertainty”. *Academy of Management Journal. 2018.*
111　ダニエル・カーネマン & オリヴィエ・シボニー & キャス・サンスティーン『NOISE 組織はなぜ判断を誤るのか? 下』早川書房。2021
112　フィリップ・E・テトロック、ダン・ガードナー、土方奈美訳『超予測力——不確実な時代の先を読む10カ条』早川書房。2018
113　オペレーションズ・リサーチとは　公益社団法人 日本オペレーションズ・リサーチ学会（orsj.or.jp）
114　Yoram Wind, Thomas L. Saaty. “Marketing Applications of the Analytic Hierarchy Process”. *MANAGEMENT SCIENCE, Vol.26, No.7.July.* 1980.
115　八巻直一・高井英造『問題解決のためのAHP入門ーExcelの活用と実務的例題』日本評論社。2005
116　Institute of Business Forecasting | IBF.org | IBF
117　Yudai Yamaguchi, Akie Iriyama. “Improving Forecast Accuracy for New Products with Heuristic Models”. *Journal of Business Forecasting, 2021 Fall Vol40 Issue 3 p.28-30.* Institute of Business Forecasting & Planning.
118　山口雄大『需要予測の戦略的活用』第14章”プロフェッショナルの直感予測”。日本評論社。2021
119　新商品以外の比較対象品それぞれから計算できる新商品の需要予測値とその標準偏差から計算する変動係数で評価。これは消費者心理を含む市場を勘違いしている度合いと解釈できるため、「市場感応度バイアス」と名付けた
120　予測者同士が予測の際にコミュニケーションすると、集団として極端な意見に振れやすいという「集団極性化現象」が知られている

●第4章

121　Mark Lawless. “Understanding the Impact of Demand Planning on Financial Performance”. *Journal of Business Forecasting, Fall 2021, p.30-32.*
122　半導体不足、断たれた供給網〈混迷2021〉: 日本経済新聞（nikkei.com）
123　Return on Equity：自己資本利益率

96 Hogarth, Robin M; Makridakis, Spyros. FORECASTING AND PLANNING: AN EVALUATION. *Management Science 27, 2; ABI/INFORM Collection pg. 115.* 1981.
97 G. Sankaran et al. "Improving Forecasts with Integrated Business Planning, Management for Professionals". Springer Nature Switzerland AG. 2019.
98 YCP Solidiance　アジアに注力するアドバイザリー・ファーム
99 需要予測オペレーションの成熟度簡易診断　①データ、②ロジック、③システム、④マネジメント、⑤チーム、⑥スキルの観点から評価します（questant.jp）
100 需要予測の基本セミナー202107.indd（logistics.or.jp）
101 需要予測研究会PowerPoint（logistics.or.jp）
102 Mean Absolute Percentage Error：平均絶対予測誤差のことで、誤差率が正負で相殺されないため、予測の精度を測定するのに適している。多くの場合で、売上で加重平均される
103 BiasをMAD（Mean Absolute Deviation）で割った指標で、市場の変化または需要予測の偏りに対して警告を発する（APICS. "CPIM PART1 VERSION6.0". APICS. 2018.）
104 Mean Absolute Scaled Error（Rob J. Hyndman, Anne B. Koehler, J. Keith Ord and Ralph D. Snyder. "Forecasting with Exponential Smoothing the State Space Approach". Springer. 2008.）
105 山口雄大『新版 この1冊ですべてわかる 需要予測の基本』第5章"精度ドリブンの需要予測マネジメント"。日本実業出版社。2021
106 Geman. S, Bienenstock. E, Doursat. R. "Neural networks and the bias/variance dilemma". *Neural Computation, 4 (1) : p.1-58.* 1992.
107 ダニエル・カーネマン & オリヴィエ・シボニー & キャス・サンスティーン『NOISE 組織はなぜ判断を誤るのか？ 上』早川書房。2021
108 Geman. S, Bienenstock. E, Doursat. R. "Neural networks and the bias/variance dilemma". *Neural Computation, 4 (1) : p.1-58.* 1992.
109 Henry Brighton, Gerd Gigerenzer. "The bias bias". *Journal of Business Research 68（2015）p.1772-1784.*

ーンマネジメント辞典　APICSディクショナリー対訳版』 生産性出版。2018)
83　Voluntary Interindustry Commerce Standards Associationが定義している
84　Chaman L, Jain. "The Impact of People and Process on Forecast Error in S&OP". Research Repot 18. Institute of Business Forecasting and Planning. 2018.
85　Edge Forecasting
86　小島健輔 "アパレル流通を再生するサプライ革命" *月刊ロジスティクス・ビジネス、January 2022, p.40-45.* ライノス・パブリケーションズ
87　永田洋幸・今村修一郎"AIを小売・流通の現場に実装する方法" *Diamond Harvard Business Review, September 2021, p.67-77*
88　永島正康『グローバル・サプライチェーンにおける新しい製販協働のかたち』丸善プラネット。2021

●第3章

89　入山章栄『世界標準の経営理論』第12章。ダイヤモンド社。2019
90　March, J.G. "Exploration and exploitation in organizational learning". *Organization science, Vol.2, pp.71-81.* 1991.
91　KATHLEEN M. EISENHARDT. "Agency Theory: An Assessment and Review". *Academy of Management Review, 1989, Vol. 14, No. 1, p.57-74.*
92　Samuel B. Bacharach. "Some Criteria for Evaluation". *The Academy of Management Review, Vol. 14, No. 4, pp.496-515.* 1989.
93　Jim Ackerman. "Practical Methods to Earn the Trust of Sales & Improve Forecasting Inputs". *Journal of Business Forecasting, Spring 2021, P.32-34.*
94　コロナ影響下の需要予測は「精度」より「速度」を重視すべき　日本実業出版社（njg.co.jp)
95　Ann Vereecke, Karlien Vanderheyden, Philippe Baecke and Tom Van Steendam. Mind the gap - Assessing maturity of demand planning, a cornerstone of S&OP. *International Journal of Operations & Production Management, Vol. 38 No. 8, pp. 1618-1639.* 2018.

69　表彰制度：ロジスティクス大賞　公益社団法人日本ロジスティクスシステム協会（logistics.or.jp）
70　資生堂ジャパン株式会社 山口 雄大 氏　DataRobot AI ヒーロー
71　小林俊 "需要予測×AIチューニングで発注を自動化" *月刊ロジスティクス・ビジネス、August 2021、p.34-37。ライノス・パブリケーションズ*
72　Daniel Fitzpatrick. "No, AI isn't Coming for Your Demand Planning Job". *Journal of Business Forecasting, 2021 Fall, p.12-13,32.*
73　Samuel B. Bacharach. "Some Criteria for Evaluation". *The Academy of Management Review, Vol. 14, No. 4 (Oct., 1989), pp. 496-515.*
74　*アジェイ・アグラワル & ジョシェア・ガンズ & アビィ・ゴールドファーブ "「予測」の力で競争優位を持続する方法" Diamond Harvard Business Review, December 2020, p.82-91.*
75　Linda Argote, Ella Miron-Spektor. Organizational Learning: From Experience to Knowledge. *Organization Science Vol.22, No.5, September-October 2011, pp.1123-1137.*
76　野中郁次郎 "時代が変わってもマネジメントの本質は変わらない身体知こそイノベーションの源泉である" *Diamond Harvard Business Review, March 2021, p.60-69.*
77　SOLE - The International Society of Logistics
78　SOLE 日本支部 "「現場志向の3段階DX」とその実現に関する考察" *月刊ロジスティクス・ビジネス、January 2022、p.102-105. ライノス・パブリケーションズ*
79　羽生善治『人工知能の核心』NHK出版新書。2017
80　Carl Benedikt Frey, Michael A. Osborne. "THE FUTURE OF EMPLOYMENT: HOW SUSCEPTIBLE ARE JOBS TO COMPUTERISATION?". *Technological Forecasting and Social Change, 2017, vol. 114, issue C, p.254-280.* 2017.
81　『需要予測の戦略的活用』の著者　山口　雄大氏と考える2030年の需要予測業務　～食品メーカーが今、考えておくべき事～: イベント・セミナー　NEC
82　Collaborative Planning, Forecasting and Replenishment：「サプライチェーンの取引相手が、原材料の製造配達から最終商品の製造配達までの主要なサプライチェーン活動を一緒に計画できるような協調処理。…（後略）」（APICS『第15版　サプライチェ

57 Evans, J. St. B. T. “Heuristic and analytic processes in reasoning”. *British Journal of Psychology, 75, p.451-468.* 1984.
58 Gerard P. Hodgkinson, Eugene Sadler-Smith. “The dynamics of intuition and analysis in managerial and organizational decision making”. Academy of Management Perspectives, 32, p.473-492. 2018.
59 A. Tversky, D. Kahneman. “Judgement under Uncertainty: Heuristics and Biases”. *Science, 185, p.1124-1131.* 1974.
60 「暴言を吐くAI」「差別するAI」なぜ生まれるのか？ 東洋経済オンライン（toyokeizai.net）
61 これは行動経済学の知見で裏付けることができ、予測誤差の要因の一つであるノイズを抑制する次の原則を満たしている。①統計的な視点を取り入れる、②予測を構造化して独立した判断に分解する、③相対的な尺度を使う。（ダニエル・カーネマン&オリヴィエ・シボニー&キャス・サンスティーン『NOISE 組織はなぜ判断を誤るのか？ 下』第6部。早川書房。2021）
62 Yudai Yamaguchi, Akie Iriyama. “Improving Forecast Accuracy for New Products with Heuristic Models.”. *Journal of Business Forecasting, 2021 Fall Vol.40 Issue 3 p.28-30.* Institute of Business Forecasting & Planning.
63 ドナルド・トンプソン、千葉敏生訳『普通の人たちを予言者に変える「予測市場」という新戦略』ダイヤモンド社。2013
64 Chaman L. Jain. “Benchmarking New Product Forecasting and Planning”. RESEARCH REPORT 17. Institute of Business Forecasting & Planning. 2017.
65 学習データが十分な量あれば、内生性や多重共線性、分散の不均一性などに重回帰モデルほど留意しなくてよい場合が多い。ただ、これらを考慮できる方がAIでも予測精度を上げられる可能性が高い
66 Felix Wick, Ulrich Kerzel, Michael Feindt. “Cyclic Boosting – an explainable supervised machine learning algorithm”.
67 Carlos Madruga, Tina Starr and Josh Stewart. “Reducing Forecast Bias-the 4 Levers of Bias-Resistant Demand Planning”. *Journal of Business Forecasting, Fall 2020, P.12-14.*
68 山口雄大 “新製品の発売前需要予測におけるAIとプロフェッショナルの協同”。*LOGISTICS SYSTEMS Vol.30、2021 秋号、p.36-43.*

45　キャシー・コジルコフ“グーグルのデータサイエンティストが語る　危機に強い組織はアナリティクスに投資する”。*Diamond Harvard Business Review, February 2021, p.78-81.*
46　想定を超えた結果を引き起こす事態を経験した後、平衡状態に戻る能力のこと（APICS。第15版　サプライチェーンマネジメント辞典　APICSディクショナリー対訳版。2018）
47　ウィリー C. シー“リスクを洗い出し、レジリエンスを高める 危機に強いサプライチェーンを築く法”。*Diamond Harvard Business Review, December 2020, p.20-28.*

●第2章

48　Simon, H. A. “Rational choice and the structure of the environment”. *Psychological Review, 63, p.129-138. 1955.*
49　A. Tversky, D. Kahneman. “Judgement under Uncertainty: Heuristics and Biases”. *Science, 185, p.1124-1131.* 1974.
50　ダニエル・カーネマン ＆ オリヴィエ・シボニー ＆ キャス・サンスティーン。『NOISE 組織はなぜ判断を誤るのか？ 上』。早川書房。2021
51　山口雄大『品切れ、過剰在庫を防ぐ技術 実践・ビジネス需要予測』。光文社新書。2018
52　Demand Forecasting：特定の製品、部品、サービスに対する需要を予測すること（APICS。第15版　サプライチェーンマネジメント辞典　APICSディクショナリー対訳版。2018）
53　Demand Planning：統計的予測と判断を組み合わせ、サプライヤーの原材料から消費者ニーズまでのサプライチェーンにおける製品やサービスの需要予測を組み立てるプロセス。APICS Dictionary　日本語版では「需要計画」と訳されている（APICS。第15版　サプライチェーンマネジメント辞典　APICSディクショナリー対訳版。2018）
54　ダニエル・カーネマン ＆ オリヴィエ・シボニー ＆ キャス・サンスティーン『NOISE　組織はなぜ判断を誤るのか？　上』早川書房。2021
55　D. Kahneman, A. Tversky. “Prospect Theory”, *Econometrica, Vol.47, No.2 (Mar, 1979), pp.263-292.*
56　需要予測は冷静に行ったうえで、品切れが連続する信用リスクや過剰在庫が積み重なる経営リスクを評価し、例えば在庫計画やサプライチェーンのアジリティでリスクヘッジするといった対応がよい

31　前月実績を以降の予測値とする（ナイーブ・フォーキャストとも呼ばれる）
32　Mean Absolute Squared Error
33　Mean Absolute Deviation
34　Bias/MAD
35　山口雄大『新版　この1冊ですべてわかる　需要予測の基本』第5章“精度ドリブンの需要予測マネジメント”。日本実業出版社。2021
36　Bogusz Dworak. “Case Study: How a Global Manufacturer Quickly Regained Forecast Accuracy after COVID-19”. *Journal of Business Forecasting, Summer 2021, P.14-16.*
37　Robert G. Brown, Richard F. Meyer and D. A. D'Esopo. “The Fundamental Theorem of Exponential Smoothing”. *Operations Research, Vol. 9, No. 5（Sep. - Oct. 1961）, pp. 673-687.*
38　Winters, Peter R. “FORECASTING SALES BY EXPONENTIALLY WEIGHTED MOVING AVERAGES”. *Management Science; Apr 1960; 6, 3; ABI/INFORM Collection, pg. 324.*
39　現実のデータにはこれにノイズというランダムな変動が含まれるため、人がこれらの特徴を数字で解釈するのは簡単ではなく、指数平滑法などが使われる
40　CEO（Chief Executive Officer）やCFO（Chief Finance Officer）など、頭に”Chief”の付く上位のマネジメント層
41　Daniel Fitzpatrick. “The Myth of Consensus-Replacing the One-Number Forecast with a Collaborative Process Forecast”. *Journal of Business Forecasting, Summer 2020, P.16-17,20.*
42　複数名によるそれぞれの予測値と根拠を整理し、それを匿名で開示することで、それぞれが予測値を更新するというプロセスをくり返す手法。最終的にある程度の範囲に予測値が収束していく傾向がある。ただし、時間がかかるという欠点も指摘されている
43　アジェイ・アグラワル & ジョシェア・ガンズ & アビィ・ゴールドファーブ　“「予測」の力で競争優位を持続する方法”。*Diamond Harvard Business Review, December 2020, p.82-91.*
44　商品の使い方や魅力などを動画で生配信し、その場で販売もするマーケティングプロモーション。中国の「独身の日」では著名なスーパーライバーは、予約初日だけで3千億円以上売り上げるなど、メジャーなプロモーションになっている。（中野好純　“流通総額17兆円を突破した「中国独身の日」から読み解く中国EC市場”。*LOGISTICS SYSTEMS Vol.31、2022 新年号、p.32-34.* 日本ロジスティクスシステム協会）

15　Chaman L. Jain. Do Companies Really Benefit from S&OP? Research Report 15. Institute of Business Forecasting & Planning. 2016.
16　Karthik Krishnan. "How to Start an Effective S&OP Process". *Journal of Business Forecasting, Summer 2020, P.5-7,15.*
17　山口雄大『需要予測の戦略的活用』第3章"需要予測でつながるサプライチェーン"。日本評論社。2021
18　Moon, Mark A. Demand and Supply Integration: The Key to World-Class Demand Forecasting, Second Edition, DEG Press, 2018.
19　Daniel Fitzpatrick. "Demand Planning Culture: Building an Environment Where Demand Planners Can Succeed. *Journal of Business Forecasting, Fall 2020, p.19-21.*
20　Yudai Yamaguchi, Akie Iriyama. "Improving Forecast Accuracy for New Products with Heuristic Models.". *Journal of Business Forecasting, 2021 Fall Vol.40 Issue 3 p.28-30.* Institute of Business Forecasting & Planning.
21　山口雄大『需要予測の戦略的活用』。日本評論社。2021
22　GEORGE E. P. BOX, GWILYM M. JENKINS, GREGORY C. REINSEL. Time Series Analysis Forecasting and Control FOURTH EDITION. A JOHN WILEY & SONS, INC., PUBLICATION, 2008.
23　Kahn, Kenneth B. The PDMA Handbook of New Product Development, John Wiley & Sons, Incorporated, 2012.
24　Gerard P. Hodgkinson, Eugene Sadler-Smith. The dynamics of intuition and analysis in managerial and organizational decision making. *Academy of Management Perspectives, 32, 473-492. 2018.*
25　Jay Barney. Firm Resources and Sustained Competitive Advantage. *Journal of Management 1991, Vol.17, No.1, 99-120.*
26　永田洋幸・今村修一郎"AIを小売・流通の現場に実装する方法"。*Diamond Harvard Business Review, September 2021, p.67-77.*
27　Chaman L, Jain. "Benchmarking Forecast Errors". Institute of Business Forecasting & Planning, Research Report 13. 2014.
28　Mean Absolute Percentage Error：平均絶対予測誤差のことで、誤差率が正負で相殺されないため、予測の精度を測定するのに適している。多くの場合で、売上で加重平均される
29　特定期間における誤差の合計
30　Root Mean Squared Deviation

注釈

●はじめに

1　展望2022関西（下）定期列車減「臨時」で柔軟に　コロナ前の9割定常へ：日本経済新聞（nikkei.com）
2　補正で膨張、無駄招く：日本経済新聞（nikkei.com）
3　国土交通省観光庁.訪日旅行促進事業（訪日プロモーション）。https://www.mlit.go.jp/kankocho/shisaku/kokusai/vjc.html（2021-12-08参照）
4　外務省.JAPAN SDGs Action Platform. https://www.mofa.go.jp/mofaj/gaiko/oda/sdgs/about/index.html（2021-12-08参照）
5　山口雄大『新版 この1冊ですべてわかる 需要予測の基本』第8章“需要予測AI”。日本実業出版社。2021
6　Eric Wilson. “Preparing for Demand Planning in 2025”. *Journal of Business Forecasting, Winter 2017-2018, P.16-19.*
7　2位が分析の高度化（Advanced Analytics）、3位がダイナミックシミュレーション
8　金子農相、牛乳の消費拡大呼びかけ 5000トン廃棄の懸念: 日本経済新聞 (nikkei.com)
9　Jミルク、生乳廃棄回避と発表: 日本経済新聞 (nikkei.com)

●第1章

10　サプライチェーン；経営工学的観点で設計された情報、モノ、カネの流れを通じた原材料から最終顧客に到る商品やサービスの配送に活用されるグローバルなネットワーク（APICS。第15版　サプライチェーンマネジメント辞典　APICSディクショナリー対訳版。2018）
11　Research and Development
12　入力を完成品やサービスに変換する活動についての計画立案や日程計画立案や管理を行うこと（APICS。第15版　サプライチェーンマネジメント辞典　APICSディクショナリー対訳版。2018）
13　山口雄大『新版 この1冊ですべてわかる 需要予測の基本』第1章“需要予測でつながるサプライチェーン”。日本実業出版社。2021
14　マーケティング計画と、サプライチェーンの管理とを融合し、継続的な競争優位性の確立へ向けて戦略的に事業を推進する能力を経営者に提供する、戦略的計画の策定プロセス（APICS。第15版　サプライチェーンマネジメント辞典　APICSディクショナリー対訳版。2018）

PHP
Business Shinsho

山口雄大（やまぐち・ゆうだい）
資生堂ジャパン株式会社 Sales & Operations Planning グループマネジャー
東京工業大学生命理工学部卒業。同大学大学院社会理工学研究科修了。同大学大学院イノベーションマネジメント研究科ストラテジックSCMコース修了。早稲田大学大学院経営管理研究科修了。
化粧品メーカーで10年以上にわたり、日用雑貨を含む様々なブランドの需要予測を担当。需要予測システムの構築や需要予測AIの開発をリードし、グローバルでの予測精度向上を支援。日本事業へ異動した後はS&OPグループマネジャーとして需要予測をベースとしたS&OPプロセスを設計。
JILS「SCMとマーケティングを結ぶ!需要予測の基本」講座講師。業界横断の「需要予測研究会」ファシリテーター。Journal of Business Forecasting（IBF）や経営情報学会などで需要予測の論文を発表。ロジスティクス大賞2021（JILS）で「AIデマンドマネジメント賞」を受賞。
他の著書に『新版 この1冊ですべてわかる 需要予測の基本』（日本実業出版社）や『需要予測の戦略的活用』（日本評論社）、『全図解 メーカーの仕事』（共著・ダイヤモンド社）など。

PHPビジネス新書 436

すごい需要予測

不確実な時代にモノを売り切る13の手法

2022年3月1日　第1版第1刷発行

著　　者　山口雄大
発 行 者　永田貴之
発 行 所　株式会社PHP研究所
東京本部　〒135-8137　江東区豊洲5-6-52
第二制作部　☎03-3520-9619（編集）
普及部　☎03-3520-9630（販売）
京都本部　〒601-8411　京都市南区西九条北ノ内町11
PHP INTERFACE　https://www.php.co.jp/
装　　幀　齋藤　稔（株式会社ジーラム）
組　　版　桜井勝志（アミークス）
印 刷 所　株式会社光邦
製 本 所　東京美術紙工協業組合

ISBN978-4-569-85181-5

「ＰＨＰビジネス新書」発刊にあたって

わからないことがあったら「インターネット」で何でも一発で調べられる時代。本という形でビジネスの知識を提供することに何の意味があるのか……その一つの答えとして「**血の通った実務書**」というコンセプトを提案させていただくのが本シリーズです。

経営知識やスキルといった、誰が語っても同じに思えるものでも、ビジネス界の第一線で活躍する人の語る言葉には、独特の迫力があります。そんな、「**現場を知る人が本音で語る**」知識を、ビジネスのあらゆる分野においてご提供していきたいと思っております。

本シリーズのシンボルマークは、理屈よりも実用性を重んじた古代ローマ人のイメージです。彼らが残した知識のように、本書の内容が永きにわたって皆様のビジネスのお役に立ち続けることを願っております。

二〇〇六年四月

ＰＨＰ研究所